百世传成管理书库

程传荣◎著

定制服务

未来中国最佳商业模式

经济管理出版社

ECONOMY & MANAGEMENT PUBLISHING HOUSE

图书在版编目（CIP）数据

定制服务——未来中国最佳商业模式/程传荣著 . —北京：经济管理出版社，2015.5
ISBN 978 - 7 - 5096 - 3688 - 6

Ⅰ. ①定… Ⅱ. ①程… Ⅲ. ①商业模式—研究—中国 Ⅳ. ①F72

中国版本图书馆 CIP 数据核字（2015）第 058764 号

组稿编辑：张　艳
责任编辑：张　艳　赵喜勤
责任印制：黄章平
责任校对：王　淼

出版发行：经济管理出版社
　　　　　（北京市海淀区北蜂窝 8 号中雅大厦 A 座 11 层　　100038）
网　　　址：www. E - mp. com. cn
电　　　话：(010) 51915602
印　　　刷：三河市海波印务有限公司
经　　　销：新华书店
开　　　本：720mm×1000mm/16
印　　　张：11. 25
字　　　数：125 千字
版　　　次：2015 年 5 月第 1 版　2015 年 5 月第 1 次印刷
书　　　号：ISBN 978 - 7 - 5096 - 3688 - 6
定　　　价：35. 00 元

前　言

也许很多人都没有想过自己会过上这样的生活：买衣服，有私人裁缝量身定做；用餐时，有私人营养师规划营养膳食搭配；休息时，可以在私人游艇上沐浴阳光；理财时，有私人理财师合理规划资产配置和投资组合；生病时，私人医生会直接上门治疗……可事实上，这样的"私人定制"生活方式正在我国悄然兴起。

其实私人定制概念在我国有着悠久的历史。我国古代的皇家贡品、官窑等都与当前的私人定制消费理念有相同之处，只不过传统社会等级观念很强，加上资源有限等因素限制，普通老百姓享受不到这种生活。所以在我国传统社会节奏和理念的影响下，没有形成一个广泛的定制消费群体。

随着人民财富水平的逐渐提高，私人定制在我国获得了长足的发展。当日常的消费生活都能得到满足后，每个人都会有体现自我、张扬个性的需求。同时，在奢侈品消费的同质化越来越明显的情况下，很多消费者希望体现自己的个性，于是就出现了私人定制的需求。概括起来，私人定制消费人群主要有两方面特点：首先要有一定的消费实力；其次要有一定的文化修养和品位，对定制产品传达的文化有一定理解。

当前，在国外已经出现了很多热衷私人定制的高端人群。比如：俄罗斯石油大亨阿布拉莫维奇花 400 万英镑买了豪宅，但住进去却嫌太小，于是又掷下 500 万英镑让建筑商重建；他耗资近 10 亿美元打造了当今世界上最豪华的私人飞机；他还买下了全球最大的私人游艇，里面配有防弹玻璃、水下摄影机和先进的导弹防御系统……

从私人定制的领域来讲，大家最熟悉的莫过于服装、珠宝、皮具等奢侈品了。现在有很多高端圈层人群穿着世界顶尖高级定制时装，这里面包括王族公主、财经巨子、好莱坞明星等，每个老主顾都拥有自己的人体模特，并根据本人的身材变化进行调整。据说，宋美龄就有一位专用裁缝师，叫张瑞香。除了除夕，一年 364 天张瑞香几乎天天在做旗袍，而且只为宋美龄一个人做。

除了衣服、珠宝外，目前很多餐厅还推出了定制晚宴服务。顾客来到餐厅后，不用根据菜单来点餐，主厨会和他沟通一下他此时希望的口味、菜品，然后向他推荐合适的营养搭配合理的菜谱。另外，有些餐厅还会专门针对顾客的特殊需求，比如求婚等，布置场地、安排菜肴。

至于交通工具方面，除了众所周知的私人飞机和私人游艇外，豪华汽车在一定程度上也可以提供定制服务。比如劳斯莱斯、法拉利等品牌都可以根据客户需求定制颜色、配置以及缝制签名等。而奥迪、保时捷等则推出了另一种平民化定制服务，比如，一款车型的基础功能或配置有 100 项，客户可以根据自己的需求选择其中的 50 项或者更多，这样价格就会稍微低一些。

在衣食住行等消费需求满足之后，个人的财富管理也迎来了定制时代。理财服务机构会根据每个人的性格特点、风险承受能力来制定不同的理财方案，这种"一对一"服务其实也是一种私人定制。

目前，个人资产超过 1000 万元的高净值人群已经形成了私人定制的消费理念，他们买的衣服、鞋子可能都是私人定制产品，相应地也需要定制化的财富管理方案。在各行各业为了提高自己的服务能力，纷纷向定制业务拓展的当下，在定制模式悄然来临之时，本书将有关定制服务的一些探索成果进行初步的分享与交流，也希望它能督促我们进行更深入的研究，因为定制服务正在改变中国的商业格局，也一定会成为商家提高产业竞争力的核心模式。

本书不仅讲述了私人定制的特点，还介绍了私人定制的优点；不仅介绍了定制服务的系统流程设计，还对从业人员的素质提出了要求；而且列举了众多定制服务的案例，通过简要的分析，让读者更加了解和理解定制服务这种方式，让读者掌握更多的定制服务方法。

我们相信，只要掌握了定制服务这种商业模式，按照本书介绍的方法有效地制定一系列的策略、战术，读者都能在不同的层次上获得相应的精神或物质收获。不论是普通读者，还是行业应用，希望这本书能因分享而使大家受益无穷！

目　录

第一章：悄然改变的商业模式

★告别大一统色系，让撞衫成为历史

流行服饰的"撞车"问题一直困扰着时尚人士。就连张惠妹和叶倩文都在前些天的同一场颁奖礼中穿着同一件 Gucci 新款衫出场，普通人又怎么能逃避呢？

陈晓萍今年 39 岁，是一家房地产公司的营销总监，年薪 20 万元。这一天，陈晓萍去公司的时候，穿了一件橘红色的短袖 T 恤，一条七分裤。可是，令她没有想到的是，自己的衣服和一个下属的撞衫了。陈晓萍觉得有点尴尬，下属也吓得不敢抬头，原本打算早上开个会，也被陈晓萍临时取消了。中午回到家之后，陈晓萍便将那套衣服换了下来，从那以后再也没穿过。

周末的时候，陈晓萍去逛商场，为自己重新选购了一批衣服，还购买了很多胸针、围巾等配件，这样搭配起来，同样的衣服就会看着有些不同。可是一想到，同事的穿衣风格都不完全相同，说不定哪天又撞衫了，陈晓萍不知道怎么办，只有向同学求助。同学为她想了一个办法——开通微信群，以要求大家注意形象为由，每天提前在群里展示一下自己第二天准备穿的上班服。陈晓萍觉得这个方法不太好，但也没其他办法。当时，正好赶上公司招了一批新人，陈晓萍就以教新人为由，开了一个微信群。

不可否认，在职场出现撞衫是一件非常尴尬的事情。管理者一般都希望自己能够高出下属一头，不管是饮食还是衣着。如果自己和下属穿同样的衣服，会觉得自己的审美观居然落伍了，居然和下属一样了。这样，对于处理和下属的关系很不利。

如今，大家穿衣都讲究个性，都希望自己能够在众人的眼光中显得与众不同，所以撞衫会让人显得非常尴尬，特别是当发现自己穿的该套衣服居然没对方好看时，更会出现一种无地自容的感觉。

"撞衫啦！撞衫啦！"李刚一走进公司，女同事就叫了出来。李刚还没回过神，老总就从里间的办公室里走了出来。李刚抬头一看，老总竟然穿了一套和他一模一样的套装。同样的牌子，同样的双排衣扣，只不过老总稍微发福，和李刚身形不一样，穿出来的效果有点不同。李刚感到很尴尬，同时也发现了老总脸上的不快！

坐到位子上，李刚突然想起，上午十点自己要和老总参加一个签字仪式。为了避免抢了老总的风头，李刚便用力揉搓起昨天晚上老妈刚刚熨烫好的西裤，还将西装脱下垫在了自己的转椅上。一番折腾后，那套笔挺的套装全然没有了清晨整洁大方的格调。

9 点 55 分，李刚去办公室请示老总。此时老总早已换了一副行头，穿上了皮外套，非常有领导派头。但是，当他看到李刚一身皱皱巴巴的套装时，眼里满是疑惑。由于李刚的形象欠佳，老总便换了一个人和他一起参加仪式。而这个李刚向往已久的代表公司出面的机会却泡汤了……

从下属的角度来说，不论做任何事情，下属一般都不敢和老总平起平坐，更不要超过老板，否则显得自己不尊重对方。如果自己碰巧和上司戴了同款的手表，或者穿了同款的衣服，下属也会尽量避免和上司碰面。

可是，撞衫的情况不可避免，有什么方法可以减少撞衫？在这个事事以个性为目标的时代，商家"一款一件"的做法正好迎合了大众的消费心理。很多年轻的朋友深受撞衫之苦，经常抱怨："要么去'楼上铺'淘个性服装，要么情愿买贵一点的衣服。"

喜欢网上购物的消费者也许早已经发现，即便是大马路边上的服饰店，也喜欢以"一款一件"来吸引顾客。在一些大商场，诸如 Max Mara 等一些大牌，基本每一款有两到三个尺码，每码一件。比如：华伦天奴专卖店，该品牌的服饰基本一款两码，其中一码一件的占到了 50% 左右。而 TOD'S 店，半数以上的鞋子都是一码一双，剩下少数的热码鞋会有两双。

尽管"一款少件"对于庞大的消费群体来说，只是杯水车薪，但是这一策略已经被大量的中高档服饰品牌所采纳。如今，随着越来越多的国际品牌服饰进驻我国市场，"一款一件"成了一种消费的新原则。大牌们似乎正以一种新的销售理念，让消费者告别撞衫时代！

★挑战国际品牌，打造自己的品牌色

在整个品牌认证和品牌体验中，品牌的色彩远远不只是要考虑美学因素。色彩是客户接触品牌时的第一感知要素，客户基于这一点引发一系列情感联想，产生相应的品牌认知。

了解国际品牌的品牌色

如今，"可乐红"、"柯达黄"、"富士绿"等一些国际知名品牌早已经把色彩战略作为了品牌战略中的关键性武器，不遗余力地在消费者心中抢注自己的"品牌色"。

1. 红色代表"力量、激情"

含义

红色一般意义上代表力量和激情，同时也能表示兴奋、能量和勇气。

使用红色的品牌

维珍集团是世界上最大、最有影响力的品牌之一。刚刚起步的时候，为了体现集团的自信和能量，Richard Branson 就使用了红色。可口可乐公司是另一家使用红色文字作为品牌名的著名公司。

2. 绿色代表"年轻、热爱地球母亲"

含义

绿色是金钱和嫉妒的象征，但它同时也意味着热爱环境、地球母亲和博爱。绿色对于年轻人和那些乐于享受生活的人来说有着极大的吸引力。

使用绿色的品牌

星巴克历来重视保护环境和公平贸易，其咖啡杯上的绿色美人鱼代表了该品牌年轻并注重环保。卡尼尔（Garnier Fructis）是另一家使用绿色品牌的公司，他们的洗发水和护发及护肤产品销量极好。

3. 蓝色代表"冷静、逻辑"

含义

蓝色代表信任、正直和交流，常常和思想联系在一起，因此消费者会联想到逻辑和交流。同时，蓝色也象征着宁静，如同大海，使人们保持冷静。

使用蓝色的品牌

著名社交媒体公司——Facebook、Twitter，还有 LinkedIn 都使用蓝色作为品牌的主色。蒂凡尼公司的水蓝色让人们能够一眼认出该品牌。

4. 紫色代表"奢华、怪诞"

含义

"品质、奢华、颓废"常常同紫色联系到一起，当然还有皇室。

使用紫色的品牌

吉百利公司将紫色与其产品完美地结合在了一起。

5. 黑色代表"独特、魅惑"

含义

正确使用黑色可以传递魅惑、成熟和独特。黑色是一种让人肃然起敬的颜色。

使用黑色的品牌

Gilt Groupe 购物网使用的是金黑色的标志，他们表示"如非独一无二，那即一无所有"。香奈儿和 YSL 品牌也同样使用黑色。

6. 黄色代表"趣味、友善"

含义

使用黄色的品牌可以传递出快乐、积极和友善的信息。黄色是在光线下最容易辨别的颜色，人们很难忽略使用这种颜色的品牌。

使用黄色的品牌

麦当劳快餐店的路边招牌大 M 使用的就是黄色。黄色与天空的蓝色形成鲜明的对比，人们在驾驶汽车的时候，这样的黄色招牌很容易映入眼帘。宜家公司同样也使用黄色来告诉顾客，在宜家购物是一种有趣、开心的体验。

7. 粉色代表"甜美、性感"

含义

粉色的含义或许显而易见，粉色代表女性以及"爱、养育和关怀"。淡粉色体现的是甜美，通常面向的是小女孩，反之，鲜艳的粉色则暗示一种性感。

使用粉色的品牌

维多利亚的秘密是使用粉色的典型代表，它甚至有一条产品线的名称就叫做"粉色"。许多同乳腺癌有关的慈善机构也使用粉色，例如 Susan G. Komen。

8. 棕色代表"温暖、可靠"

含义

棕色的深层含义是温暖、安全和可靠。

使用棕色的品牌

UPS 公司。人们信任 UPS 公司，期待着自己的信件和包裹能够按时运送到目的地，棕色是 UPS 的完美选择。从巧克力这方面来看，M&M 公司的棕色包装也极易辨认，它融合了巧克力之甜美给人带来的温暖。

随着大众消费行为的重心从物理功能需求逐步转为精神功能需求，产品同质化现象日趋严重，企业不得不改变自己"以产品为导向"的品牌战略，转而提升自己的品牌形象、记忆度与附加值。色彩作为视觉语言，具有不可代替的塑造力、感染力、象征力，对受众的生理、心理和思维具有不可逆的作用力，成功的品牌传播需要借助色彩语言作为重要传播工具。

定制服务，打造自己的品牌色

颜色和视觉识别颜色是品牌视觉识别的基础，不论是在品牌传播还是品牌执行中，颜色都会体现在标识、包装、产品、环境及各种营销传播方式上。

对于注重品牌管理的强大品牌而言，颜色不只是主观的选择，而是一项势在必行的战略性业务。要传达品牌的含义及差异性，需要选择一种和品牌战略性定位相契合的颜色。

在为品牌选择一种颜色或是一套颜色方案时，这些颜色要能让客户产生特定的情感联想和欲望，而品牌价值主张和品牌承诺必须能够满足客户的欲望。能够代表品牌并让品牌具有差异化的颜色，必须符合一些标准，以下是最重要的三点：

其一，目标受众。

谁是你的目标受众？他们关心什么？他们处于什么样的心态才愿意与品牌互动？不同的消费者对同一种颜色的反应不同，加之消费文化又在不停地变化着，哪一种颜色能最好地体现品牌价值，并让品牌脱颖而出呢？

其二，品牌原型。

如果已经确定了相应的品牌原型，哪种颜色最能代表这种品牌原型的属性？譬如，如果品牌原型是探险家户外运动品牌（Explorer），你要思考哪种颜色能够象征户外探险或与此相关的活动。或许红色是一个不错的选择。

其三，文化特色。

谈到文化，世界各地的人对文化有不同的理解。在美国，白色代表纯洁。而亚洲的某些地区，白色是哀悼的颜色。对颜色的认知随着种族、年龄、社会阶层、性别和宗教的不同而不同。选择颜色时，品牌所在市场的文化将是一个重要的考虑因素。

总之，选择品牌颜色要有一个底线，不能仅靠主观臆断选择颜色，选择颜色的重要性绝对不应该被低估。

如何选择自己的品牌色

现在，我们就以服装为例，来说明如何选择自己的品牌色。

服装色彩虽然要以色彩学的基本原理为基础，然而，它毕竟不是纯粹的造型艺术作品，服装色彩与美术作品的色彩也有明显的区别，服装色彩有其特殊性。

（1）色彩首先要以人的形象为依据。因此，服装色彩设计必须因人而异、因款式而异。

（2）各种服装都是依附于面料的，随着面料做成的服装穿着于人体上以后，服装色彩就从平面状态变成了立体状态。因此，进行色彩设计时，不仅要考虑色彩的平面效果，更应从立体的效果，考虑穿着以后两侧及背面的色彩处理，并注意每个角度的视觉平衡。

（3）服装是流动的绘画，会随着人体的活动进入各种场所。所以，与环境色的协调也是服装色彩设计必须注意的。

（4）在一套服装的色彩设计中，色彩不宜过多，除印花面料的颜色以外，一般不要超过三种颜色，最多不要超过五种颜色。

（5）定制服装的色彩设计中，不仅要具有艺术性，还要考虑其实用性。例如，各个行业的制服颜色不一样，医务人员一般使用白色或淡蓝色等。

（6）定制服装色彩不仅要注意其个性，也要照顾其共性，即流行性，流行的东西是大众的东西，这样才能更好地体现服装的经济价值和社会意义。

（7）使用定制色彩时，还要考虑色彩的民族性。许多民族在其历史的发展过程中，逐渐形成了一定的色彩禁忌，这是由于对色彩象征意义的认识不同而引起的。

★未来产品不仅限于关注产品本身

未来，产品的关注点并不仅限于产品本身，除了保证质量外，产品会更多追求个性化！

案例一：上海壁纸展

2014年8月6日，第十八届中国（上海）墙纸布艺地毯暨家居软装饰展览会在上海新国际博览中心隆重启幕。虽然壁纸产品同质化现象仍然存在，但可喜的是，部分企业已经开始逐渐追求产品的独创性和个性化，产品无论从材质还是从样式上看也都更加丰富，有纸质、布质、竹制的，花样上有美式壁纸、无纺深压纹等。从色彩上看，素色越来越多地被应用在新品中。

作为一年两度的壁纸业盛会，展会吸引了众多壁纸行业内极具实力和潜力的企业参展，现已成为业内外及海内外人士了解壁纸业最新动态，探寻壁纸流行趋势的平台。

案例二：家电市场

目前，家电市场除了一些厂家在炒作概念或大打价格战外，更多的家电企业已开始意识到，要在供大于求的市场竞争中取胜，产品的个性化生产也是核心竞争力之一。个性鲜明的产品更能引起人们的兴趣，千篇一律的产品很难有卖点。

实际上，家电行业的卖点在于个性化的实用产品。业界人士把个性化生产归结为"按需定制"，即按客户需要与规定而制造，如国内一家企业按照客户要求设计出一种与可口可乐瓶子相似的特形冷柜，令对方非常满意。

家电个性化消费市场大有作为。比如，现在许多家庭的地板装修很精致，材料也很贵，使用传统的拖布会损伤地面，吸尘器又不适用，这就需要一款适合的拖地机，既能方便快捷地打扫地板，又能迅速烘干，这样的产品一定会有市场。

家电产品的最终出路在于个性化产品开发。拿洗碗机、消毒柜来说，要考虑到与用户厨房相适应，与不同的装修风格相适应，不能把它简单当成纯实用性家电。生产企业应运用个性化创意设计生产出适合我国未来生活的家电产品，把竞争焦点由抢占现有市场转为抢占未来市场，企业才会有更大的发展空间。

案例三：洁具品牌

虽然各大洁具品牌已尽可能在设计上多出花样，但挑剔的消费者，追求个性化洁具产品的呼声依然高涨。如今，在广州市面上出现了一种手绘洁具，消费者可以选择自己喜欢的图案绘制在洁具上，甚至可以自己动手在洁具上绘制上自己的"大作"，以示个性的独一无二。

在面盆的内外或者马桶的水箱上绘上各式的花样，粉红或金黄的花朵或一朵朵，或一串串，随意地生长在各自的角落，自然而温馨。如果客户喜欢，还可以让蝴蝶驻足，让它们互相欣赏。由于是手绘而成，每一朵花、每一片叶都形态不一，自然随性。

乍看，还以为是马赛克铺在了马桶上，其实，这些形似马赛克的小方格也是手绘的，色泽清爽，点缀在马桶或浴室台面上，清新可人。

案例四：家纺行业

"恒美家纺"是一家专业生产巾品系列、内衣系列、家居系列、床品系列等居家用品的企业。如何在激烈的市场竞争中取胜？经营者认为，产品只有做到"人无我有，人有我精"才有出路。前段时间企业在市场调研时发现，"80 后"、"90 后"喜欢把头像、个性化语言印在自己的服饰、手帕上。

受此启发，公司总经理大胆设想：如果用数码印花技术，将个性化的照片印到床上用品上，或许能赢得一部分年轻消费者青睐，进一步拓展市场。经过对全国各地数千名消费者的问卷调查和走访，"恒美家纺"根据不同年龄层次的需求，研发出婚庆、田园、时尚三大系列40余款床品。

新房的床单、棉被、枕头和抱枕上，印制着新娘新郎的名字、婚纱照和大头照。由于款式和布料质地不同，其价格在2000多元至18000多元不等。这些个性化床品，受到了预备结婚者的喜爱。

随着消费者需求的变化，企业就要转变自己的思维，将重点放在产品的个性化上。如此，才能满足消费者的需求，才能盈利。

★消费多元化为定制服务提供契机

随着经济的发展，商品的丰富，人们对消费品的需求变得多元化，消费行为和消费模式也在不断改变。这既表现在物质消费领域，更体现在精神消费领域，特别是互联网经济下各种个性化的消费层出不穷。

进入 21 世纪以后，随着时代的进步和生活水准的提高，新型的消费项目层出不穷，我国居民的消费水平实现了质的飞跃。请客去饭店已成了习以为常的招待模式。而饭店的类别和特色也划分得越来越清晰：中餐厅、西餐厅、茶餐厅、自助餐厅、大排档……由于选择过多，久而久之，中午、晚上吃什么甚至成了我国百姓的一大心病。

曾经人们是为"改善生活"才去肯德基、麦当劳等洋快餐，现在这些不过是日常休闲、聊天、聚会的低消费场所。在一个温暖的午后，在星巴克或 COSTA 等咖啡厅花上二三十元喝上一杯香醇的咖啡，看看书或上上网，才是现在公认的小资版惬意生活。西式的慢节奏咖啡厅文化，正在被越来越多的消费者所接受。

娱乐和享受性消费在当下达到前所未有的高峰，看电视剧、在小区跳舞、去公园练操等娱乐方式早已不能满足人们日益增长的需求。健身房、游泳馆、台球厅、KTV、棋牌室、网吧、电影院等娱乐消费场所越来越受到人们的喜爱。同时，花钱去全国各地旅游的人也越来越多，甚至以前几乎无人问津的出境游也日益升温。人们的消费观念实现了从"旅游就是白花钱"到"还是应该多出来看看"的大转变。

2001 年，能拥有一部外形精美、铃声可选的黑白屏幕进口手机着实令人羡慕。而购买这样一款手机需要两三千元，所以当时一个家庭大多只有一部手机，家庭成员都争着使用。而如今，手机不过是个普通的生活必需品，虽然外形、功能发生了巨大的变化，但价格却变得越发亲民，有时甚至几百元就能买到各类功能齐全的智能手机，每年换一部手机根本不足为奇。

网络的日渐普及拓宽了人们获取信息的渠道，从而也使人们更多地了解到外面的世界。这个时期，愿意花钱送孩子到国外上学的人越来越多，"留学热"一时间风靡全国。体验不同国家的教育模式、领略多样的文化价值，成为中西合璧的复合型的人才，是许多人的梦想。和"留学热"一并产生的还有"移民热"，人们抱着各种各样的梦想和希望到国外开拓自己的未来，创造自己的新生活。

2010 年至今是消费模式多元化的飞速发展时期，消费理念的升级让"绿色消费"、"健康消费"、"个性消费"和"新奇消费"等更高层次的消费形式逐渐走入寻常百姓的生活。新款的苹果"爱疯"等电子产品已经成为年轻人必备的潮品。网购、团购作为流行消费模式，正引领着新潮流，无公害蔬菜、绿色有机健康食品为越来越多的人青睐。通过个性化定制、自定义改造来满足自身喜好和需求的消费模式也日渐兴起。

大众消费不仅要看价格，也要看品质。这个多元化消费的时代正从方方面面满足着人们多角度、多层次的差异性需求，使消费变得前所未有的方便和舒适。

面对日益激烈的同质化竞争，企业就要走一条深层次的品牌发展之路，秉着研发与创新、贴近消费者的原则，主打产品功能性、个性化的定制，丰富产品种类，极大地满足消费者的多元化产品需求。

★ 个性化需求是未来最大的商业机会

随着经济的增长，我国人民越来越自信，人们的生活越来越不肯照搬、模仿、从众，越来越倾向于个性化。大到行为、追求，小到着装、购物，尊重个性、崇尚个性，越来越渗入我国当代年轻人的人生观。

个性本身就包含着独到、创新的意思，个性不是哗众取宠，而是标新立异，是面对压力时展示的另一种"真我"。例如，在目前通信日益发达的"3G"时代，敏捷的商人也从这一变化中找到了商机。

如果说真正存在一个这样的领先领域的话，那么戴尔领先的领域就是——直接为消费者提供定制服务，或者说是为真正的消费者定制产品。

戴尔总部设在得克萨斯州奥斯汀（Austin），戴尔是全球领先的IT产品及服务提供商，公司成为市场领导者的根本原因就是：通过直接向消费者提供符合行业标准技术的产品和服务，不断地致力于提供最佳的消费者体验。

管理大师彼得·德鲁克指出：每个企业都有一个核心——它领先的领域，因而每个企业都是特殊的，企业需要将其活动集中在一个知识领域和一个市场，它需要一个能使决策发挥效力的领域，除非有这样的核心，在企业内部的人才能有共同的语言，否则，管理就无从谈起。

葡萄酒市场竞争异常激烈，张裕葡萄酒为了抢占高端市场投资了张裕酒庄，为顾客代保管酒，为顾客开辟个人储酒仓，为顾客销售期酒等，这些都是张裕葡萄酒为赢得顾客的量身定做之举。

针对企业和个人的个性化红酒定制服务，张裕葡萄酒不但会在红酒的标签、外盒上标印企业 LOGO、宣传导语等个性化信息，每瓶酒上还将有"专为×××先生/女士定制"的字样，打造客户的个性产品、彰显其高雅风范。

张裕葡萄酒设有应酬专用的企业招待用酒、庆典中的企业主题用酒和内部奖励用酒，这些特意定制的红酒以其独有的内涵，让人眼前一亮。

（1）婚庆喜宴：将印有顾客与爱人姓名及照片的喜酒呈现在婚庆宴会上，把爱融入芳醇香甜的美酒中，把客户的婚礼或周年纪念装衬得更加温馨、浪漫，更具个性色彩。

（2）商务庆典：将客户的企业形象、标识呈现在酒标上，为客户的企业庆典、会议等增光添彩，突出企业形象，彰显企业实力。

（3）其他各种场合：生日宴会、庆功酒会、福利发放、招待用酒、馈赠、收藏等。张裕爱斐堡个性化红酒——满足客户的需求。

张裕葡萄酒的设计团队由平面设计师、包装设计师、品牌形象设计专家组成，针对客户的个性化要求，为客户定制属于自己的个性化红酒；为了展示客户形象，充分体现消费者或购买者个性特征，让完美的红酒质量与客户的个性需求浑然一体，张裕葡萄酒采用了和谐自然的标识设计、完美的包装搭配，更显个性，能够更好地满足客户的特殊需求。

随着人们生活和消费水平的提高，定制服务已经不再是贵族和富家的专属，消费者更多的是追求品质、品位、时尚、身份、归属感等，产品的个性化日益突出，可以说，"独立思考、理性消费"的消费观念使定制服务的日常化应运而生。

在这个阶段，企业必须知道自己的产品都卖给了谁，消费者为什么会买。要知道不论企业如何努力，都无法用同一种产品和服务来满足小众的不同需求。定制体现了稀有、独特的情感表述，创造最大的消费者价值，从而增加了服务黏性。

★定制服务将成为未来最佳的商业模式

从早期的服装、鞋子、首饰等私人定制，到今天的汽车、家电等私人定制，定制已无处不在。它迎合了人们追求品质和个性的心理，是真正的个性化消费。和早期定制相比，现代私人定制被赋予了越来越高的技术含量，成为企业实现商业模式创新、获取竞争优势的重要手段，大规模生产与定制"联姻"，兼顾生产低成本和需求多元化要求，为消费者提供个性化产品。

"定制"一词最早见于伦敦中心梅费尔的购物街区萨维尔街，意思是为私人客户量身剪裁服装，后逐步扩展到皮鞋、家具、酒、茶、首饰等行业。和早期定制主要满足个体需求相比，现代定制通过技术进步和管理创新，将现代企业的大规模生产和私人定制巧妙地结合起来，其中所蕴含的技术含量更高。

很多企业在采取定制生产模式时，不仅致力于提升产品的差异化程度，而且积极改善生产组织方式，以避免定制带来的成本大幅上升。

目前，定制生产模式已经在越来越多的行业中得到广泛应用。定制可以按照顾客参与企业经营的程度，分为订单装配生产、订单制造生产和订单设计生产三种类型。

类型	说明
订单装配生产	指在接到客户订单后，对企业现有零件进行选择和配置，即可向客户提供订单产品的一种定制生产方式
订单制造生产	指在接到客户订单后，对现有零件进行小幅度调整，重新加工部分原材料，改变部分装配方式，并向客户提供产品的一种定制生产模式
订单设计生产	指根据客户订单重点特殊需求，重新设计零部件，或者将现有零部件进行大规模改进成为新零部件，并对产品总体设计进行变型改进，在此基础上向客户提供订单的一种定制生产模式

这三种类型的定制模式对企业的柔性生产和精益制造能力、顾客需求信息系统和消费者后勤服务系统能力有着不同的要求。其中，订单设计生产是一种更为彻底的定制模式，对企业经营管理能力要求更高。在越来越多的行业中得到广泛应用。

汽车行业

在汽车行业中，定制正逐步取代传统销售方式。奥迪公司是率先开展定制服务的汽车企业之一。

早在 1983 年成立的全资子公司——奥迪全时四驱驱动有限公司，目前已经成为独立、个性化系列产品的代名词。该公司通过提供"奥迪专属"个性化定制式服务，赋予每一款车型独有的个性。

在内饰方面，消费者可以选择不同颜色、不同材质的皮革、木板、地毯等，并按照个性化自由设计组合；在现代通信技术与设备方面，消费者可以选择不同类型信息娱乐通信设备；在运动性能方面，消费者可以选择不同性能的发动机以及运动套件，包括前（后）保险杠、车尾扰流板、运动化的轮毂、设计独特的座椅等。2013 年奥迪公司在北京建立亚洲首家奥迪城市，正式开启个性化定制服务。

家电行业

在家电行业中，定制已成为企业转型升级的重要方向。随着年轻用户逐渐成为家电消费的主体，越来越多的消费者希望彰显自己鲜明的个性主张，追求科技、时尚、舒适、个性的生活。

在这种情况下，海尔、美的、三星、博世、西门子等家电企业纷纷推出家电产品定制服务。消费者不仅可以定制家电的外观，例如尺寸、形状、图案、颜色等，而且可以对家电的性能配置进行组合，去掉不必要配置，增加自己偏爱的性能，例如增加自由组合遥控按键、远程操控等。

海尔 2011 年便推出了全新品牌"统帅"，定位于家电定制。经过几年的发展，"统帅"电器已具有较高的品牌知晓度。

家电定制是我国家电企业走出在市场同质化严重、利润微薄的情况下恶性竞争的"红海"，进入通过多种形式的创新寻找竞争新模式、获取利润的"蓝海"的重要尝试。定制成为商业模式创新的重要方向，企业要重新定义顾客需求和市场结构，并在竞争中占得先机。

新兴产业

在新兴产业发展中，定制同样扮演着重要角色。移动健康产业是最近几年新兴起的高科技产业，主要是将移动通信技术应用于医疗保健领域，为消费者提供一对一的健康护理和健康医疗服务。

对消费者来讲，移动健康产业与传统医疗保健产业相比，其最大不同在于定制化的广泛应用。

首先，消费者可以根据自身需求，灵活地在服务提供商所提供的服务模块中进行定制。例如，消费者可以定制一项或几项专业的健康护理服务，利用移动终端设备对身体数据进行实时采集，将数据传回到信息存储和处理中心，并通过专业化的监测分析，得到自己专属的健康预警。

其次，消费者可以对可移动性终端进行个性化定制。可移动性终端可以是手机、汽车、手表、眼镜、帽子、服装、手套等，其式样颜色也可以尽显个性，消费者完全可以根据自身个性化需求进行自由选择。

最后，消费者可以将保健服务与定制医疗结合起来，将数据传输给医疗服务平台，定制包括远程诊断、个人救助系统、信息管理等方面的服务。

名 旅游行业

近年来，定制旅游越来越多地受到消费者的青睐，在旅行社的业务量占比也越来越高。定制旅游是国外非常流行的一种旅游方式，是根据旅游者的需求，以旅游者为主导进行旅游流程设计的一种旅游服务方式。

定制旅游高度重视顾客的个性化需求，通过为旅行者提供顾问式服务，帮助旅行者自主设计和制定旅游线路和旅行方式，在旅行过程中则以一种专业导游的角色出现，为旅行者提供灵活、多样、全面的专业化服务。

为保证旅行者在旅游过程中能真正地享受个性化服务体验，旅游企业往往需要预先派出专业人员进行实地考察，制定行程方案和各种预案，并与顾客反复进行沟通。

定制旅游可以以顾客的特定需求为主题，围绕这一主题设计旅游线路，主要有蜜月定制旅游、修学定制旅游、医疗定制旅游、酒庄收购定制旅游、投资定制旅游等。与传统旅游方式相比，定制旅游的理念和方式已截然不同，旅行者通过定制旅游，可以以更加合理的价格享受更精彩的项目，达到工作、学习、生活等方面的特定目的，获得一种独特的旅行体验。

只有为顾客提供定制化产品，才能在竞争中取胜

技术的发展、消费文化的兴起以及市场结构的变化，正加速改变着企业的竞争规则。在这种趋势下，标准化生产将逐步转向定制化生产，刚性生产系统将逐步转向可重构制造系统，工厂化生产将逐步转向社会化生产。顾客

与企业之间的界限也将越来越模糊，顾客不仅是消费者，更是设计者和生产者。

不论是新兴产业，还是传统产业，只有高效率地为顾客提供定制化产品，才能在竞争中取胜。对于我国企业来讲，为适应这种竞争规则的变化，必须要将定制作为实施企业商业模式创新、获取竞争优势的重要手段。

定制有可能成为我国企业最佳的商业模式！

第二章：定制服务颠覆传统商业模式

★量身打造，有需有供的商业需求

"当你又一次被现实撞得头破血流的时候，你应该求助于私人定制。"在不久前上映的电影《私人订制》中，这句话让很多观众记忆犹新。

的确，在流行"定制"的年代，无论是服装、婚介，还是年夜饭、橱柜，各种物品、服务似乎都可以定制，打上属于自己的个性标签。可见，"私人定制"不仅仅是冯导电影里专门为人圆梦的业务，在如今的服装界、珠宝界甚至是零售行业，人们都开始玩起了"私人定制"。

2013年，"我国牛仔之都"广州新塘的牛仔服装产业显得特别冷清，不到半年时间，销售额过亿的牛仔服生产企业倒闭了好几家。可是有一家本土公司却实现了逆市增长，显得格外引人注目。它，就是有着"牛仔王子"美誉的广州市柏汇服装有限公司——一家以个性化定制著称的牛仔品牌。

1997年，邓毅江从父亲手中接过了这家牛仔制衣厂。在2007年之前的十年时间里，出口的牛仔服装出货量并不小，但利润太低，而且在国际市场上没有足够的市场竞争力。

为了找到新的突破点，邓毅江系统地梳理了公司自创办以来，20多年来专注于牛仔裤、牛仔装的研发、设计和生产经验，并结合自己操盘10年来所经历的牛仔体会，打造出了一种柏汇服装的设计风格；同时，还大胆引进了一些顶级牛仔服装设计师，为客户提供局部创新的与国际接轨的时尚款式。

可是，与欧美的世界级品牌牛仔商合作时，邓毅江发现这些品牌对产品的要求简直可以用苛刻来形容，跟个性化定制的服务并无二致。邓毅江灵光一闪：在国内市场能否采用这种服务？经过多方的研究，邓毅江发现，我国自古就有量体裁衣的传统，而且父亲创办企业以前也是做裁缝的，经常上门去客户家给人量体裁衣。受此启发，邓毅江便提出了"做消费者的私人裁缝"这一全新概念，并在2008年前后在国内市场推出了个性化牛仔定制的服务。

定制服装是根据消费者个人情况，进行个性化服务的量体裁衣和单件制作的服装。它通常根据消费者的体形、肤色、职业、气质、爱好、穿着场合等设计适合他个人的时装和穿着效果，突出消费者本人鲜明的"自我"和"个性"以及完全私享的个人体验。

事实证明，柏汇服装的全新定位是成功的。

根据顾客特定需求，设计出个性化商品。这几年，"高级西服定制"的小店有些遍地开花的趋势，顾客只要报上自己的尺寸大小并拿出想做的样式（或可根据店内画册决定），基本上都可以定做。

有一家店叫做"裁艺轩"，专门提供服装"私人定制"服务。该店经理说："现在店里30%的定制单都是一些年轻男士的礼服，休闲的商务男装也占了一部分。女装的定制时间比男装长，费用也略高，而且，现在女装品牌的成衣做得也很漂亮，因此女装定制的就少些。"

"裁艺轩"和杰尼亚等大牌公司都有合作协议，可以定制到和大牌一样的面料，款式方面，他们则会根据各地杂志上的流行趋势，设计出样册，供顾客选择。顾客在店里下单后，就直接发到香港的工厂去做，几天后半成品会从香港寄过来，让顾客试穿，提出修改意见，最后才是成衣到达顾客手里。

消费者越来越个性化的需求，迫使定制店的老板经常飞赴香港或者国外一些城市去取经。服装品牌的私人定制，也让零售商嗅到了这块市场的商机，有些百货商店目前已经推出了羊绒衫特别定制服务。

有家商场的营销部联合"鳄鱼恤"羊绒衫厂商推出了羊绒衫私人定制业务，顾客可以根据企业的样本，按照个人的喜好，定制出各款的羊绒衫。不论胖瘦、高矮、长短，都可以满足顾客要求。

在商场刚刚开过的年度会议上，总经理正式提出了商场要开展"私人定制"业务的提议，定制的品类或许涵盖鞋类、黄金首饰类，甚至是床品类。今后顾客个性化的需求会越来越多，他们会尽可能联系更多的厂家来为顾客提供这一项特别的服务，今后，如果消费者有什么特殊需求，都可以到这里进行定制。

我们处在一个个性化消费的时代。如今，再也不必对着电视上的明星服装叹气了，大家随时可以根据自己的需求定制出一套最合适自己的服装来，当然，服装如此，黄金珠宝、鞋子床品又何尝做不出专属于你的那一款？

消费者越来越个性化的需求即是商机，例如：专做男装的雅戈尔集团，早在 2006 年就已经推出了"私人定制"这项服务，他们为顾客现场量身后，将数据输入电脑，系统即可与 CAD 设计软件、服装制作业务管理模块实现数据对接，使雅戈尔具有迅速反应的"量身定制"能力。在零售业变革的当下，各商家都在思考如何以客为先，那么定制服务也就成了必须去研究的商机所在！

★ 商业模式运营平衡

阿基米德曾说："如果给我一个支点，我可以撬动地球！"在互联网商品经济飞速发展的今天，这个支点显得尤为重要。因此，我们一定要寻找到这个支点，企业经营的支点是什么？不是管理，不是产品，而是商业模式。

创新商业模式是领导者的首要任务，一个崭新的、绝妙的商业模式既可让企业拥有高效率的团队，又能创建行之有效的管理系统和顽强的战斗力。而商业模式的选择，不仅需要大众化的，还需要突出个性化，只有将两者实现了平衡，这样的市场局面才是正常化的。

案例一：

2007 年，成立于新西兰的 Ponoko 网站是一家为个人制造提供服务平台的网站。在这里用户只要把自己的构思上传到网站数据库中，Ponoko 就会根据客户设计元素进行数据分解，然后再向它的材料商生产商订货。

在规定的时间内快递到客人手中，客人就会得到全世界独一无二的、包含着自己创作审美情趣的产品。这种新颖的定制模式使得 Ponoko 在短短的一年内就成为全世界很多业余爱好者的天堂。

案例二：

Myshape.com 是美国一家互联网公司，专门从事在线女性的服装个性定制。Myshape.com 和上百位的服装设计师达成协议，将顾客的尺寸提供给设计师，让设计师为顾客量身定做合身的衣服，Myshape.com 引入 Body Shapes（身材）的概念，颠覆传统，店家也做到了不再毫无标准地盲目生产与设计，消费者获得了按自己意愿生产的个性服装。

2006 年上线短短 5 个月后，Myshape.com 注册用户就已经超过了 2 万多人。

案例三：

美尘网是一家专门从事摄影行业个性定制的服务平台网站，联合了全国优秀的摄影公司及后期产品生产厂家供顾客选择。顾客不再仅仅局限于传统的一家摄影公司提供的套系产品，可以根据自己的意愿只选择摄影公司的拍照而在网站单独定制自己想要的产品。

顾客把自己的意愿想法告诉网站，网站分析后为顾客提供专业的分析参考方案并实现个性生产，包括婚纱摄影、儿童摄影、商业摄影等都可以在美尘联盟商家中放心选择。

网站为顾客做了严格的筛选，真正实现了跨地区的、简单的低成本自由拍摄，顾客想去哪旅游就可以去哪拍照。每一个地区随着网站上线运营推广都将会有网站的品牌联盟商家，顾客将不用担心这家摄影机构的资质，担心是否被骗，担心拍完照后的产品如何取件等一系列问题，在这里网站充当了一个全面的影像高级顾问及服务担保中心。

今天，个性定制的商业模式也扩展到了建筑、工业、地产等领域。因为信息技术的高速发展已经为个性定制这一商业模式的出现提供了必备的土壤条件。

在规模化生产中，用户处于价值链的最末端，企业生产什么就卖什么，而在规模化定制中，用户处于价值链的最前端，企业要按订单而不是按预测来生产，而且定制的速度越来越快。随着定制模式的深入发展，主动权已掌握在客户手中，制造商只有转换生产方式，建立面向顾客的、可重组的业务流程，才能取胜！

随着信息技术的迅速发展，企业竞争的焦点也逐步转向时间、成本、效率和服务。实施规模定制生产方式，是一场争夺最新知识、创新人才、市场和发展空间的战争，企业只能以积极的态度，迎接这场产业变革的到来；在突出共性的同时，一定要重视个性化的需求，以求达到二者的平衡！

★无库存，无产品的大量积压

小企业之所以小，是因为它们无法维持大量的库存，而能够维持大量库存的企业几乎每天都在为库存而发愁。有媒体爆出消息说，如果我国所有的服装企业停业，仅库存量也够国人穿三年。抛开数据的准确性不说，服装行业的高库存压力的确是不争的事实，服装行业正在经历成长的烦恼。

当前，国内休闲服饰市场竞争十分激烈，在经历了市场需求低迷的情况下，"去库存化"仍然压得休闲服饰企业喘不过气。数据显示，美邦的库存是21.99亿元，2012年年初更是一度达到25.6亿元，占2011年总资产的29%。

周科是某国有外贸公司的老业务员，早年从事羽绒制品的出口销售。受欧美经济影响，羽绒服出口受阻，已转行从事羊绒制品的销售。

"外贸形势不好，全做内销了，库存有好几个亿。"他说，"服装行业和其他行业不同，服装很容易过季，很难做到其他行业的'零库存'，也正因为如此，库存是服装企业最大的难题。此外，原材料不断上涨，工人工资每年也在上涨，成本压力越来越大，只能被动接受逐渐降低的利润。"

对于商家惯用的打折策略，周科说："打折的方式让消费者对该品牌的价格产生怀疑，慢慢积累起来的品牌效应，往往被这种特价活动所冲淡。对品牌服装来说，打折是无奈之举，肯定是弊大于利。库存管理不是一个单纯的问题，它还涉及诸如生产、财务、人事、销售、运输等众多部门的协同管理。单纯地从某一部门下手进行库存控制，是不可行的。"

服装行业的特性是要不断地推出新品，创造和满足消费者的需求。如果企业在设计服装时不能很好地预测和把握当季潮流，想要做到控制库存或是加快资金周转就会变得相当困难。

在生产严重过剩的今天，到处打折呼声一片，如何快速处理库存往往是经销商最头疼的问题。如果仅仅是一厢情愿地打折降价，时间长了，必然会影响品牌的整体形象和价格体系，降低顾客对产品的忠诚度；不打折吧，产品太容易落伍过时，放在仓库只会越来越贬值，最后变成废布一堆。

其实，库存只是问题的表象，其根源是企业家对过去几年经济下滑周期的市场判断过于乐观，甚至没有时间去做市场调研就制定了激进的市场策略，花大力气拼市场、拼渠道，现在全行业的营收增幅上不去，成本却上去了。同样的产品、同样的品牌，如何在消费者受益的同时，让企业实现可持续发展？答案是"量身定制"！

戴尔公司的商业设计中，给顾客提供了独特的价值诉求，其中包括规格设定精灵系统，做到快速响应和高度的客制化；还包括让顾客能够轻易地互动、自助、获得既广泛又正确的信息。

戴尔公司数字化转型的最关键的一步，就是建立了线上规格设定精灵。它是一种可以让顾客自行设计个人计算机的数字系统，也是世界上第一批选择板之一。规格设定精灵能让顾客自行设计一台他们真正想要的个人计算机，产品性能能够完全符合顾客的需要，顾客不必像以往一样，将就固定的产品性能。

戴尔公司的规格设定精灵至今仍是各地人士购买个人计算机最简易的方法。它向顾客提供了以下一些好处：

戴尔网站的主页上列出了关于产品顾客的细分类别，比如：家庭与家庭办公、小型企业、大中型企业等，顾客只要选取所属类别，就可以进入相应的细分顾客服务区，里面陈列了关于该类顾客戴尔所有的产品和服务内容；顾客按照需求选取相应的产品类别之后，系统会自动列出关于该类产品的所有信息，并提供相关产品的横向比较功能，帮助客户选定合适的机型。

在自选配置里，顾客可以有多种选择，比如：内存的大小、硬盘的容量、资料机的种类等，顾客可以从1600万种以上的组合中，配置自己想要的戴尔计算机。并且，还可以为自己的计算机选择配置相关的周边产品。

系统对顾客的响应总是及时而周到，顾客可以非常便利地感受到最佳的购物体验，整个销售过程既准确又快速，还没有库存。

当前，市场竞争激烈同质化问题严重，各企业库存增多，量身定制肯定是一个很好的选择，是未来市场发展的一种趋势，它既可以解决库存问题，又能满足消费者的个性化需求，增加客户体验和品牌的美誉度。

定制是绿色、环保的预约消费，没有库存、没有浪费。对消费者来说，它能带来越来越细致的服务、越来越高端的购物体验；对厂家来说，则可以缩短工作时间、降低工作强度，带来更高的收益。

"零渠道"模式实际上是缩短销售链，运用规模经营的优势，集中产品集中营销，不仅可以为厂商、采购商和消费者最大力度地去除中间环节，还有利于节约销售成本，让利终端。对厂商而言，选择"零渠道"模式就等于选择了一种新的营销模式。

传统的"厂家—总经销—地域总经销—二级经销—三级经销—小批发—零售"这种模式，在商品由卖方市场转入买方市场之后，已经不能适应市场竞争。尤其是近年来，随着整合营销模式的普及，中间环节越多，越容易降低整体营销方案的到达率和执行率。同时，由于各类商品的种类繁多，渠道拉长了也就相当于增加了空白点，很容易被竞争对手插入到整体的销售链中，造成整个网络的损失。

分销渠道的长度取决于商品在整个流通过程中经过的流通环节或中间层次的多少，经过的流通环节或中间层次越多分销渠道就越长，反之分销渠道就比较短。缩短渠道，可以节省中间环节的流通费用，增加终端价格的竞争力。而私人定制的销售模式，更有利于实现利润的最大化。

如今，网络购物已经成为消费者的主要消费渠道之一，越来越多的企业通过网络这一平台也获得了更大的销售业绩。B2B 和 B2C 的销售模式发展很快，一些传统的大卖场也积极开拓网络营销。企业应该顺应这一潮流，积极利用网络等渠道进行产品推广和销售，增加自己的定制业务。唯有如此，才能实现利润的最大化！

★客户忠诚度高，产生多次消费

如果说产品高利润的获得在于它能充分满足客户需求，那么产品高利润的持续则在于客户忠诚度的提升。顾客的忠诚度代表了消费者长期以来所形成的对于某一种品牌或公司产品的消费偏好。在质量、服务和其他条件均相同的情况下，他会坚定地选择这个品牌的产品，而不是另一家公司的产品，这就是顾客忠诚度的一种具体体现。

在信息时代，各色产品琳琅满目，顾客有很大的选择空间。去超市购物，在不同牌子的产品前，消费者有百分之百的自由选择权，没有人能强制他们必须买哪一种。一个消费者既可以买张三企业的产品，也可以买李四企业的产品，如果两个都不好，他可以都不买，转而到另一家商场或购物中心再看再选。实在不行，还有电商可供选择。

对当前的企业来说，营销上的成功已不仅仅体现在统计学意义的市场占有率上，更应体现在拥有多少忠诚的顾客上。研究发现，顾客忠诚度在决定利润方面比市场份额更加重要。当顾客忠诚度上升5个百分点时，利润上升的幅度将达到25%～85%。

更为重要的是，忠诚的顾客能向其他消费者推荐企业的产品和服务，并愿意为其所接受的产品和服务支付较高的价格。可以说，忠诚的顾客是企业竞争力的重要决定因素，更是企业长期利润的根本源泉。

其实，定制服务也是一个提升客户忠诚度的好方法！

爱定客是全球第一家专为个性化定制鞋而诞生的机构，专为全球热爱时尚、创新、个性化潮流的顾客服务。

爱定客实践的 C2B 模式，做到了真正意义上的 C2B，每一单的销售均来自消费者真实的需求，由消费者参与设计产品甚至参与定价，最后由爱定客依托柔性制造供应链来协助完成生产。

作为一家拥有全价值链的 C2B 公司，从前端为消费者提供售前、售中、售后服务到后端的产品研发、生产均在爱定客自己手中。鞋是人身上可穿戴物品中最难实现柔性制造的品类，爱定客的研发突破了这一难关，实现了对消费者"全球七天发货"、"大众定制定价"的承诺。

爱定客的价值在于将消费者的主动需求变成商品。事实上，他们除了提供这种平台服务，还在探索业界和整个传统行业新的运营模式，提出了解决行业发展"瓶颈"的方案。

爱定客的理念"人人都是设计师"，首先是对消费者的一种认同，认为消费者是理解他自己的需求的，只是缺乏一个可以帮他去实现生产的商业伙伴；其次，认为每个人天生都有想要有别于他人的个性展示，因此为消费者提供了一个可以充分展现这种"不同"的平台。

C2B 的商业模式并非是对传统零售模式的颠覆，而是一种升级。在未来，必然会有越来越多的企业加入到这场实践中，越来越多的企业真正实现"以消费者为导向"，让消费者参与到价值链的生态圈中，创造一种真正体现消费价值的良性商业生态。

在营销实践中，顾客忠诚被定义为顾客购买行为的连续性。它是指客户对企业产品或服务的依赖和认可、坚持长期购买和使用该企业产品或服务所表现出的在思想和情感上的一种高度信任和忠诚的程度，是客户对企业产品在长期竞争中所表现出的优势的综合评价。

顾客忠诚度分为四个层次，如图所示：

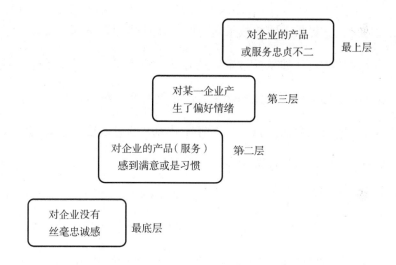

在最底层，顾客对企业没有丝毫的忠诚感。他们对企业漠不关心，仅凭价格、方便性等因素购买。

第二层，顾客对企业的产品或服务感到满意或已经习惯。他们的购买行为会受到习惯力量的驱使。一方面，他们担心自己没有时间和精力去选择其他企业的产品或服务；另一方面，转换企业可能会使他们付出更多的转移成本。

第三层，顾客对某一企业产生了偏好情绪。这种偏好是建立在与其他竞争企业相比较的基础之上的。这种偏好的产生与企业形象、企业产品和服务体现的高质量以及顾客的消费经验等因素密切相关，顾客与企业之间有了感情联系。

最上层，是顾客忠诚的最高级阶段。顾客对企业的产品或服务忠贞不二，并持有强烈的偏好与情感寄托。顾客对企业的这种高度忠诚，成为企业利润的真正源泉。

由此可见，获得最上层的效果是每个企业都热切期盼的。而私人定制能够更好地实现这一点。如果通过定制的方式，消费者获得了满足感，对企业产生了信任，自然会成为企业的回头客。如此一来，消费的次数也会自然增加。这样，何愁没有利润？因此，要想提升顾客的忠诚度，让他们实现多次消费，就要尝试一下定制服务。

★与客户关系更紧密，开发深层次消费

很多人都把客户关系看得特别神秘，以为维护好客户关系需要绝顶聪明的头脑，足够的资金，充足的人力、物力和财力。其实，维护客户关系并不像很多人想象的那么复杂，只要理解了"定制服务"就行。

北京美丽兄弟科技有限公司（下称"美丽岛"）被业界称为我国眼镜市

场格局的颠覆者。"美丽岛"以中央定制中心模式、一对一的顾问式销售服务、会员制战略以及独特的渐进多焦点技术等为核心创造了新的商业模式，开创了一条高端私人定制掘金老花镜市场的路线。

"美丽岛"是一家为会员提供个性化产品和超值的视光服务的连锁机构，创造了以用户体验为价值的新商业模式。他们相信，中老年人老花镜市场将成为仅次于近视眼镜的第二大眼镜市场。

"美丽岛"只有一个战略，就是会员制战略。"美丽岛"自成立以来，一直倡导源自欧美的眼镜视光行业的"一对一的私人视光顾问"模式，并成为我国第一家提供这种专属服务的机构。量身定制服务在借鉴西方视光行业先进验配技术的基础上，研发出基于"眼部"、"脸部"和"脑部"的三部配镜法（3PsO）。

3PsO 配镜法可以提高配戴眼镜的美观度，他们会根据每一位顾客的脸形量身制作，比如：一般圆脸形适合细长形或方形的镜架，方脸形适合圆形眼镜架，瓜子脸形适合椭圆形细框眼镜等。这种差异化模式让每一位到店的顾客都能享受 VIP 式的专属化服务，不断被越来越多的高端人群认同。

"美丽岛"产品由中央定制中心统一加工。一对一的销售服务模式，即现场为客户出解决方案，将订单统一下发到中央加工厂制作，完工后顾客来取镜并试戴。也就是说，从前期验光到加工定制，再到配镜服务，每个环节均需做到"量体裁衣"。

在经营上，"美丽岛"的定制方式，极大地密切了和客户的关系，更将消费者的深层次需求挖掘出来。

在很多时候，顾客需要的并不是商品或者服务本身，而是商品或者服务所能带来的感知，不可能有哪个经营者能够拥有所有顾客想要的商品。在营销过程中，抓住消费者心理，挖掘顾客的深层需求，建立一种相互信任的关系并最大化发挥替代商品的作用是营销成功的关键。

一件商品，往往包含了它本身的内在基本属性和外在的使用价值，它的基本属性是固定不变的，就如糖是甜的，醋是酸的，酒是辣的。但是，其外在使用价值却可以根据个人的需求不同而改变，比如酒可以用来消毒，可以喝，可以腌制海产品。

但是，可以满足同一个需求的却可以是不同的商品，消毒也可以用其他的药品。重要的是在深刻挖掘顾客的深层需求的同时，能利用与顾客之间长期建立的相互信任将定制服务的作用在消费者身上发挥到极致。

今天，市场竞争面临着多极化，传统的营销方式受到挑战，新型的营销方式出现，个性化的营销方式受到营销者的青睐，服务营销成了市场营销的主流。改善与消费者之间的长期稳定的信任关系就成了占领和控制市场份额的重要步骤。而想要留住顾客，就必须倾听消费者，找到顾客潜藏的隐性需求，并满足顾客需求，做到互利互惠。

人们都说"嫌货才是买货人"，只有抱怨产品（服务）不好的顾客才是真正想买商品的顾客。消费者口中的抱怨实际上正包含着顾客的隐性需求，顾客将产品（服务）没有达到自己需求的部分通过抱怨的方式传达给商家，商家就要从中听出隐藏的含义，明白顾客的真正需求，找出能够弥补消费者指出的商品所达不到的性能的策略，让顾客感受到真心，这是建立消费者信任最重要的一步，也是留住消费者最重要的一步。

在大多数情况下，消费者并不仅仅只是需要那个产品（服务），而是需要那件产品（服务）所能带给自己所想要的感受和体验。在很大的程度上，优质的服务已经包含在顾问式营销中了，就是以优质的服务来创造顾客信任，建立长期的买卖合作关系，留住老顾客比吸引新顾客更容易创造价值，也更稳定。

★客户与他人分享，积极传播，产生放大效应

客户管理的最高境界是："让客户口碑宣传"，因为让客户口碑宣传能对企业产生更大的价值，从古到今，口碑传播一直是极具威力的传播形式！

在位于曼哈顿格林威治村的 Christopher 街，有家 McNulty's Tea & Coffee 咖啡店，咖啡的香味已经渗入有近百年历史的地板及墙壁中。穿过挤满客人的狭窄的过道，还有微妙的果香、花茶味道。

这间小店由一对爱尔兰裔兄弟创立，其中一人是位法官，它最初坐落在 Christopher 街 125 号，其后由华裔的黄（Wong，译音）先生接手，并搬到现在的地址。

44 岁的黄先生跟他 76 岁的老父亲自 1980 年拥有这间店，他们见证了西村的改变：由一个追时髦的同性恋社区，慢慢变成高档的地区。虽然区内很多居民和商店已经离开，以寻找租金较低的新地方落脚，但黄先生仍然坚守

在这里，除了一群固定的熟客之外，他们也吸引了不少游客及网上买家。

店内除了把咖啡豆如沙包般堆叠之外，还有各式各样来自世界各地的茶叶，以及大量的茶壶。他们成功的关键，在于提供个性化服务，每一个员工都有自己的推介，例如，自己最喜欢大红袍乌龙茶，以及说出各种咖啡的分别。

口碑营销是一个极具杀伤力的营销手段，具有耗时少、成功率高、成本低等优点，是企业最好用的优质客户扩展手段。口碑营销也可以说是世界上最容易的一种销售方式。

调查显示，消费者对媒介宣传渠道的信任度顺次是：亲友引荐、专业人士引荐（非销售方）、出版物的独立评论、电视广告、制造商或品牌网站、消费者在博客或论坛中的观念、杂志广告、报纸广告、网络专题广告、搜索引擎广告、网站旗帜广告、虚拟游戏/电影中的植入广告、视频中的广告及手机短信广告。

排在前三位的方式，归结于一个关键词——口碑。消费者对口碑的高度信任，表明消费者对广告的慎重态度。好的口碑源自消费者对产品的体验及大众对企业形象的认知。因而，如何提升产品在消费者心目中的体验以及在大众心目中树立怎样的企业形象至关重要。

口碑介绍是企业获得新客户的重要途径和来源。如何获得客户转介绍，是企业不断扩大客户群的关键所在。客户转介绍的新客户具有稳定、积极、认同等优势，通过客户的转介绍，新客户具备了一定的专业知识，拥有一定的观念和一定的认同感，因此，在定制服务中，较容易交流沟通，能及时促成签单，使其最终成为企业的客户。

可以通过以下三种方式来进行传递：

1. 口耳相传

在媒体并不发达的时候，口碑传播的方式就是口耳相传，现代社会口耳相传的传播形式也依然适用。

美国波士顿的一家诊所采用了不同于同行在报纸上打广告的做法，而是接纳其他医院都不愿意接纳的穷人来就医，医疗费用由病人根据自己的经济情况自由支付，甚至病人没钱支付医疗费用也没有关系，都会得到最好的治疗与服务，这家医院唯一的条件是：这些病人每周要将这家医院的名片送给四个人，并且真诚地向其介绍与推荐。

一开始，这家医院贫穷的病人非常多，医院收入很少，但慢慢的，有钱人开始慕名前来，甚至有很多上层社会名流、政要都来光顾，医院名气越来越大，随之而来的是滚滚的财源。

想达到这样的目的，前提是要有好的产品与服务作为基础，使顾客满意，同时采用一些像上面案例中提到的营销手段，比如推荐新顾客消费的老顾客可以获得奖励，开发一些善于传播信息、信息散步快且广泛的人，愿意聚会闲谈的老年人、社会关系广泛的业务员等，当然，具体方式需要根据传播的信息及传递对象的特点来确定。

2. 传统媒体传播

将一个设计好的口碑营销事件通过报纸、电视、广播等形式传播出去，以扩大口碑营销的传播力度。既可以自己主动传播，也可以制造吸引人的主题来吸引媒体主动传播。

某大型商场制作了两套身高2.5米左右的人才能穿上的盔甲，在店门前立一块告示板：征集两名可以穿上该盔甲的人，达到要求者将被聘请为该店的迎宾接待使者，年薪20万元。

这个消息一公布即被多家媒体主动报道，虽然参与者很多，但是最终也没有选出适合的人选，但此举起到了极好的宣传效果，仅用几百块的服装制作费即换来了几十万元的广告宣传版位，而新闻的宣传效果更是广告所不能比拟的。

3. 网络传播

之所以把网络这个传媒形式独立列出来讲，是因为网络的口碑营销方式和其他传统媒体有所不同。网络传播具有更多的主动性，采用得当其效果惊人。同样是以一个事件为传播内容，在受众对象常出现的论坛、BBS、博客中发布信息，而后再通过意见领袖来引导传播，这些意见领袖就是可以影响传播对象的公众人物或专家。比如，传播对象是追求时尚的少女，那么一些偶像明星的言论对她们的影响就是非常大的。

口碑营销是一段新奇有趣故事的流传，企业作为这个故事的作者与主角，只要遵循一定的规则与技巧，便可以进行各种形式上的探索与创新，其结果也各不相同。

第三章：定制服务基点是个性化体验

★每个人得到的体验都是不同的

就如同世界上没有相同的两片树叶一样，定制服务中，没有两个人能够享受到完全相同的体验，每个人得到的体验都会呈现出一定的个性化特点。定制服务的基点就是个性化的体验。

案例一：

聚焦伟业拥有员工近千名，总部设在广州，目前已分别在广州、深圳、中山、佛山、东莞等城市建立了7个分公司，并正在向全国各大城市进军。公司汇聚了大批具有国际电子商务运营、搜索引擎营销和移动互联网营销经验的人才，超过半数的员工在互联网领域工作5年以上，60%以上的员工获得了国家相关职业资格认证，由100多名高级工程师组成技术研发中心自主研发的产品获得了多项国家专利。

自 2005 年至今，聚焦伟业秉承"尽心尽力协助每位客户成功"的服务理念，目前已成功为 100 多个行业，超过 10000 家企业提供了专业的网络营销服务，其中超过 63% 的客户是行业龙头企业、上市公司和知名企业。

其独有的样板工程项目"私人定制"服务——一个行业只服务一家的模式让外贸企业都争抢这唯一的名额。这个模式，根据客户的产品特性、品牌形象定制网站的风格和架构，针对客户的产品和推行市场以及行业确定 SEO 优化策略，根据产品的搜查情况、市场情况、客户的资金情况、定制广告投放策略。这样的专属"私人定制"就把外贸企业的产品快速、准确地传递到了客户手中。

案例二：

在杭州，从来都不缺风景，这个旅游城市也给当地带来了丰厚的客源，因此杭州的不少酒店都以接待旅游客为主，然而有这样一家酒店却与众不同，其虽然也地处杭州，却主打商务会议，并以其特有的高级宴会服务师团队为商务客提供"定制"服务，这就是浙江三立开元名都大酒店。

浙江三立开元名都大酒店有 10 个风格各异的宴会厅，包括简单小型会议室、长桌型会议室、对称座谈型会议室等。每个会议室都被打造成不同风格来满足不同商务客的需求，同时，它们最大的特点在于拥有 1000 平方米的无立柱式大宴会厅，这个毫无视线遮挡的大会议室同时也满足了很多婚宴客人的需求，这样的规模在杭州的酒店中十分少见。在如此庞大的商务市场中，如何以自己的特色来吸引客人呢？

集团内部有高级宴会服务师的培训，任何岗位的员工，包括一线员工都有机会参加这样的培训计划，经过一段时间的学习和考核，通过者就能担任酒店的高级宴会服务师，并领导其团队进行商旅客的针对性定制服务，这是酒店的特色。值得一提的是，成为高级宴会服务师的员工，都能享受到主管级别的薪水待遇，以此来激励员工成为高级宴会服务师。

根据开元体系的规划，当员工考核通过获得高级宴会服务师资格后，其回到单体酒店依旧要照顾到日常的基本工作，一旦有特别需要的商务客人来到时，这些高级宴会服务师就会带领其团队进行定制会务服务，这些服务包括特别的餐桌安排、餐点调配、个性化需求的会议方案等，甚至对于客人客房的夜床布置也会有针对性。

服务不仅是在酒店范围内，即便是客人还未到酒店，就已经能感受到他们的定制个性化服务了。比如，酒店专车去机场接机时，会给商务客人专门提供一个"骑士礼包"，这个礼包中有当地地图、报纸、矿泉水等，让客人可以对城市的文化和地理位置等都有所了解。

那么，如何能了解客人的个性化需求并为其定制呢？那就是客户数据管理。每个客人在酒店的消费记录会作为数据资料被保存管理并做出分析。比如，一些旅客假如经常去餐厅用餐，那么就显而易见地可以知道他们各自喜欢的餐点，当他们下一次再来时，就能有针对性地设计定制菜单。

浙江三立开元名都大酒店凭借自身的特色服务，在不到两年的时间里就提前达到了收支平衡点。

让每个人得到的服务体验都不同，定制服务注重的就是个性化的体验。

通过定制服务，客户可以享受到有别于他人的情感体验，或得到满足，或得到欣喜，这是以往任何一个商业模式都无法实现的！

★ 定制化服务带给消费者的是个性的感受

定制化服务带给消费者的是个性的感受，是一种量身打造、有需有供的服务，它不会出现生产过剩，也不会出现需求抱怨，进而保证经济运行的平衡与稳定。

当社交化已经成为今天互联网的主流发展趋势，很多人可能已经忘记了当年也曾经火爆一时的互联网概念 Web 2.0，那时人们就已经认识到互联网的价值在于互动，在于从分散的互联网行为转向聚合的互联网行为。

那时曾有人设想，每个人看到的网络页面可能都是不一样的，因为那些页面都是为每个人关注的内容兴趣不同而定制的，信息的个性化筛选聚合一定是互联网发展的趋势。这一设想也许今天就要成为现实。

2013 年 4 月，很多新浪的老用户发现，新浪的全面改版悄然而至，此前并无过多的炒作和宣传，但这却是新浪成立 15 年来的第一次重大改版。

在门户时代，门户网站就是互联网的主要入口，网民习惯在门户上进行资讯的阅读和获取，因此，门户的流量巨大。然而，今天这一切都发生了变化，除了搜索和门户，垂直网站、视频网站、微博、SNS、微信、APP 都在构建新的入口。

2013 年以来，门户网站纷纷变脸，搜狐改版，网易改版，甚至美国的雅虎也对首页进行了改版，借改版之机与 Facebook 打通，强调其社交性，改版后的雅虎新主页开始流淌很多的雅虎紫色印记，带来更少的广告和更快的访问速度，也开始提供定制的内容模块和整合 Facebook 用户在线内容建议功能；另外用户现在也可以通过 Facebook、Twitter 和电子邮件分享雅虎主页上的内容。产品化、移动化是所有门户网站改版的共同方向，而新浪的改版则意在突出个性化、社交化、本地化和移动化四大方面的需求。

这次新浪改版的核心，一方面是打通新浪门户与新浪微博两大平台，使两者产生协同效应，从而扩展新浪网的门户边界；另一方面，新浪开始向用户推送信息，例如，你每天看的都是体育新闻，那么你的页面就将以体育信息为主，新浪网未来个性化的趋势则将体现在"猜你喜欢"和"我的菜单"两个产品上，每个用户上网看到的页面和新闻都将不再一样。

此外，新浪此次改版还增加了信息的相关性，例如，相关性强的内容被展示在一个横栏，比如体育与汽车。这样达到的效果是，阅读趣味相同的用户可以在最小的区域内获得自己需要了解的资讯。改变的不仅仅是内容，内容的相关性也意味着用户的停留时间会更长，用户的黏性更高，流量的效率也更高。

定制化服务可以给消费者带来个性的感受，新浪的改版再次说明了这一点！

作为平台化的产品，互动广告是为广告客户提供一个更大的创意和创新的空间。

一年前，耐克就在新浪进行了广告微博化的尝试，作为当时耐克的广告代理公司互动通控股为耐克创意和设计了这则广告。广告中实时地展示耐克代言人的微博，在这个广告中，受众可以与自己喜欢的代言人进行互动，而且你看到的广告与别人不一样。

这个广告出来后产生了巨大的轰动，受众觉得很亲切，受众在广告位上可以与明星进行直接的沟通，可以参与活动，并转发给好友。在互动通控股资深副总裁单俊的印象中，这样的营销创新在当时虽然很"拉风"，但是实施起来一点都不轻松，因为那时，这还不是一个"标准化"的服务内容。

其实，客户对互动有需求，以往实施"一键转发"，这就需要技术支持，要重新编码，要数据库支持，要通道开放，要新浪内部沟通协调，每次的创新都需要一单一单地完成，流程和技术都很复杂。现在这个技术可以标准化了，广告主操作更加简单和灵活。因此，当用户打开新浪的首页，会发现新浪首页上有些细微的变化：设计成企业官微的多种形式的互动广告，在广告里添加"一键加关注"的按钮，用户能够直接成为这些广告主的粉丝——这些粉丝距离随时购买这些广告主的产品或服务仅一步之遥。

事实上，互动广告确实在悄然改变着用户的习惯。以往汽车企业发售新车，会刊登广告吸引用户试乘试驾，以往的广告需要吸引用户访问网站，然后联系经销商，这种模式中间环节多，流失率高。而采用定制化形式的广告后，用户只需要提供自己的联系方式等信息，公司收集后，直接下发给各地经销商，经销商就可以直接联系用户，这样就减少了很多环节。

作为平台化的产品，定制化服务并不是为了满足广告客户特定的营销需求，而是为其提供一个更大的创意和创新的空间，这里有很多的模板可供企业选择，企业可以个性化地实施广告创意，提升广告效果。

★ 定制化服务带给消费者美好的感觉

定制化服务所产生的"体验"是带给消费者美好的感觉、永久的记忆和值得回味的事物与经历。消费者对这种美好的感受不会独自享有，而会与他人分享，即积极地传播，进而产生放大效应。

2013年7月15日，北京公交集团推出了"从居住区到工作地"的一站式定制公交。在公交集团官网定制公交的页面上即可点击参与"出行需求调查"，根据市民"点菜式"的需求调查，大"热门"线路于9月开通。

通过移动互联优化的这一交通新选项受到许多市民的欢迎。数据显示，截至8月8日，共14.4万人次访问了定制公交出行需求调查平台，6.6万人次参与了调查。

其实，北京定制公交并不是首例。青岛、西安的公交集团都已经上线了定制公交服务，济南、厦门、长春的公交集团也表示跟进。与通过短信、电话和邮箱报名、已经开跑的青岛定制公交不同的是，北京公交集团的定制公交利用互联网络，网上调查不仅涉及起止地点以及时间，还需要市民选择乘坐的定制公交是单程还是双程，以及早间到达、晚间返回的时间要求。

此次定制公交由北京公交集团直接开展调研，通过网页调查了解乘客的出行需求再设计线路，采取按月预订座位、网上缴费，实现一人一座、一站直达的服务方式，所有班车均使用空调车并覆盖 WiFi，并根据乘客人数的变化灵活配备大中小型车辆。

提交选择后，市民还可以同步了解有多少人选择了与自己相同的区域。北京公交集团将根据数据匹配最热门的车线班次，并在定制公交平台上实现招募乘客、预订座位、在线支付，根据约定的时间、地点、方向开行商务班车。

目前预计单次乘车费用为往返 20 公里 15 元，定价为打车费用的 15%。一辆商务班车的开行可以替代 20 ~ 30 辆私家车的使用，达到缓解上下班高峰期道路拥堵的目的，实现大交通的协同解决效果。

感觉是消费者在购物时尤为重视的因素。商品呈现给消费者的第一印象就是通过视觉或味觉，而视觉和味觉反映给消费者的第一信息就是感觉，第一感觉好了消费者才会进一步去了解这件商品的其他信息，所以任何厂家都很注重商品带给消费者的第一感觉。感觉好坏是消费者决定是否购买或者了解商品最为重要的首要环节！

消费者在选择定制服务时，会产生放松、享乐、控制、新奇、逃避等多样化的情感。顾客在参与定制服务的过程中，所产生的复杂化的情感或情绪会调节不同环境下的大脑活动，进而影响人的行为；消费者在 DIY 的过程中被引发的情感、情绪或心情，是影响消费者消费行为的重要因素。

消费者的情感是微妙和复杂的，积极情感包括高兴、快乐、喜悦、满意、惊喜等，消极情感包括悲伤、痛苦、厌烦、不满意、愤怒等。人们在消费服务时，总会伴随着一定的情感或情绪，这种情感上的反应不仅影响消费者的消费行为，而且是影响消费者满意感的重要因素。积极情感与消极情感的转化也是多变的，没有特定的规律，受消费情境、顾客个体特征等多方面的影响。成功的定制服务可以给消费者带来美好的感觉，使其流连忘返！

★ 永久的记忆和值得回味的事物与经历

商品和服务只是一个道具，消费只是一个过程，但是体验是永久的记忆。消费者如果在购物的过程中得到美好的体验，就会通过体验爱上产品。

让我们想象一下不久的将来很可能会发生的一个情景：

90 后顾客小王已经购置了一套新居，他要好好地把这个新居装扮一下。门铃响了，网上预约的设计师来了。

小王打开家门，一位干练、专业的设计师走了进来。这位设计师自报了下家门，就开始用自己的手机工作了。不一会，设计师就量完房间的尺寸。

设计师把量到的房间平面图用自己的手机上传到了云端，云端上存储了我国几十万套的户型图和整套的家居设计方案，云端匹配了一个最适合小王家户型的全套家居解决方案下载到了设计师的手机上。

设计师把整套的方案给小王做了讲解，小王提出了自己的几点修改意见，设计师马上进行了修改。修改后小王非常满意，设计师马上提供了整套家居方案的报价。小王当场就确定了这个方案，并在设计师的手机端按下了确认键，并在手机网上交钱付款了。

过了十天左右，小王又听到了门铃响。他知道，自己定制的整套全屋家具已经到货来安装了。安装师傅辛勤地工作，就像变戏法一样，很快就将一堆堆板材变成了一件件成型的家具，和小王在设计师手机上看到的几乎一模一样。一个冰冷的小屋立刻成了温馨、温暖的小窝。

小王觉得非常完美，非常开心，他抑制不住自己的兴奋，掏出自己的手机，在网上给了一个五星并留下自己的评语。他把自己的美丽的小窝立刻发到了微信的朋友圈，让大家一起分享他的快乐。

几个朋友很快回复了赞，并问小王是哪家公司的定制家具，这么漂亮！将来自己的新家，也找这家公司来定制全屋家具。

定制化服务所产生的体验效应是带给消费者值得回味的感受与经历。定制服务从市场需求角度强调了人的无限需求中的"体验"类需求开始转变为现实需求，从而成为社会经济发展的原动力。自我实现需求，对顾客来说，就是快乐；对企业来说，就是成功。

消费者对过去经验的反映，是会经历一定过程的。心理学研究表明，这一过程包括识记、保持、回忆、再认等几个基本环节。

1. 识记

识记是一种有意识的反复感知，从而使客观事物的印迹在人的头脑中保留下来，成为映象的心理过程。整个记忆过程是从识记开始的，它是记忆过程的第一步。识记的分类如下：

（1）根据消费者在识记时是否有明确目的和随意性，分为无意识记和有意识记。

无意识记是事先没有明确目的，也没有经过特殊的意志努力的识记。无意识记具有很大的选择性。一般来说，那些在消费者的生活中具有重要意义，适合个人需要、兴趣、偏好，能激起情绪或情感反应的消费信息，给人的印象深刻，往往容易被无意识记。

有意识记是指有预定目的并经过意志努力的识记。有意识记是一种复杂的智力活动和意志活动，需要求有积极的思维参与和意志努力。消费者掌握系统的消费知识和经验，主要依靠有意记忆。

（2）根据所识记的材料有无意义和是否理解其意义，可以分为机械识记和意义识记。

机械识记是在对事物没有理解的情况下，依据事物的外部联系所进行的机械重复的识记。

意义识记是在对事物理解的基础上，依据事物的内在联系所进行的识记。它是消费者通过积极的思维活动，揭露消费对象的本质特征，找到新的消费对象和已有知识的内在联系，并将其纳入已有知识系统中来识记。运用这种识记，消费者对消费对象的内容形式容易记住，保持的时间较长，并且易于提取。

大量实验表明，以理解为基础的意义识记，在全面性、速度、准确性和巩固性方面，都比机械识记优越得多。

2. 保持

保持是过去经历过的事物映象在头脑中得到巩固的过程。但巩固的过程并不是对过去经验的机械重复，而是对识记的材料做进一步加工、储存的过程。即使储存起来的信息材料也不是一成不变的。随着时间的推移和后来经验的影响，保持的识记在数量和质量上会发生某些变化。

一般来说，随着时间的推移，保持量呈减少的趋势。也就是说，人对其经历过的事物总是要忘掉一些。此外，储存材料的内容、概要性、完整性等，也会发生不同程度的改变。

识记保持的数量或质量变化有的具有积极意义，但有的变化也会产生消极作用。

3. 回忆

回忆又称重现，是不在眼前的、过去经历过的事物表象在头脑中重新显现出来的过程。根据回忆是否有预定目的或任务，可以分为无意回忆和有意回忆。无意回忆是事先没有预定目的，也无须意志努力的回忆。有意回忆则是有目的、需要意志努力的回忆。

消费者对消费信息的回忆有直接性和间接性之分。直接性就是由当前的对象唤起旧经验。所谓间接性，即要通过一系列的中介性联想才能唤起对过去经验的回忆，这种情况叫做追忆。运用追忆的心理技巧，如提供中介性联想，利用再认来追忆，或暂时中断追忆等，有助于帮助消费者迅速回忆起过去的经验。

4. 再认

对过去经历过的事物重新出现时能够识别出来，就是再认。一般来说，再认比重现简单、容易，能重现的事物通常都能再认。

上述四个环节彼此联系，相互制约，共同构成消费者完整统一的记忆过程。没有识记就谈不上对消费对象内容的保持；没有识记和保持，就不可能对接触过的消费对象回忆或再认。因此，识记和保持是再认和回忆的前提，而回忆和再认则是识记与保持的结果及表现。

同时，通过再认和回忆还能进一步加强对消费对象的识记和保持。消费者在进行商品选择和采取购买行动时，就是通过识记、保持、回忆和再认来反映过去的经历和经验。

★尊贵的体验让消费者流连忘返

时下，体验已是一个热词，似乎与之沾边便能提升档次。前不久，美国一家优衣库在店内引入了星巴克咖啡，试图给消费者更好的体验。而随着人们消费理念与行为的变化，体验经济不仅进入了服装店内，也已涉足各个行业，从工业到农业、旅游业、商业、服务业、餐饮业、娱乐业（影视、主题公园）等各行业都在上演。

切成小块的熟食牛肉、小纸杯盛放的方便面、一口一杯的酸奶等这些都是大型超市常见的免费试吃食品。"先尝后买，喜欢再买"。多年以前，各大超市就推出了这样的试吃理念，让消费者亲身体验商品的好坏。而如今，体验经济已不仅局限于试吃试用上，更强调给予消费者附加服务的享受、精神文化的满足。

在一家护肤品专卖店内，六七个女性消费者正在休息区内敷面膜。"购买相关产品，就可享受店内免费美容服务，这项活动推出后反响不错，每天有十几个消费者光顾。"工作人员话音未落，正在敷面膜的洪小姐就笑着推荐："一套产品的价格也就400多元，能享受至少3个月的免费美容，还有修眉等其他项目的服务。"

耳朵能听到轻音乐，鼻子可以闻到手工皂的香味，皮肤能够感受到工作人员用心的护理，眼睛可以看到店内独特优美的装潢，实在是难以复制的美好体验。

现在的商品已经告别了高高的货柜，再没有指着某样商品问售货员的距离感，消费者也可以与商品有更直接、更亲密的接触。

李先生一边挑选红酒一边感慨道："以前对红酒不了解，总买不到心仪的，现在有专业人士介绍，消费过程十分愉悦。"在家乐福这样的"红酒节"每年分春、秋两次在全国各门店内举行，不仅价格优惠，还有买赠、免费品尝等活动，不少红酒爱好者前来，共同品尝美酒，感受红酒文化，像一个大

Party。

如今这样"难以复制的体验"已经渗透到我们生活的方方面面：餐厅里，你可以一边吃饭一边感受不同的主题氛围；书店里，你可以一边读书一边品尝香醇的咖啡；服装店内，你也可以一边听搭配达人的建议一边尝试不同风格的服饰。实体店纷纷打起"体验牌"，通过卖体验让顾客对每一次消费经历留下美好回忆。

2013年5月29日，华晨宝马面向我国市场推出了BMW专属定制服务，并首先应用于宝马旗下最为畅销的车型——BMW5系。现在有不少客户主动要求加装定制，一般可在2个月左右交货。

在经过4个月的市场试探后，华晨宝马还在今年9月进一步开放了旗下的X1与3系的定制服务。

为了推广该项定制服务，厂家制订了奖金鼓励计划，即在满足考核时间内定制订单配额占5系车型销量的10%以上，以及平均单台定制配置金额在5000元以上，同时未出现逾期未付款的条件下，经销商可获得15%的配置金额作为奖金。

过去所谓的定制加配服务一般指的是，由经销商在现车上加装配置后进行售卖，或者根据客户需求加装精品附件，又或是经销商向厂家定制，提车回来后以现车的方式卖给客户。而现在的个性化定制则更强调客户的主体性，客户可以自己选择定期装货，通过经销商直接向厂家下单，进行生产加装。

以前现车精品不一定时时都有货，选择范围也比专属定制要窄。而对于经销商来说，肯定是现车加装的附加值更大，但厂家专属定制的销量会比现车自己加精品的多。现在豪车竞争日渐激烈，定制服务不失为一个宣传的好由头。

个性化定制对厂家的生产能力、采购、物流等方面都是挑战，把这些问题都解决后就可以操作了。同时这也是个营销的推力，能提高客户满意度。

罗兰·贝格咨询公司的一份调查显示，在中高端（20万~35万元）汽车市场中，消费者追求个性化的需求特征较为明显，而在中端（8万~12万元）汽车市场中，追求性价比并兼顾车辆性能的消费者居多。

随着汽车市场的饱和程度越来越高，定制服务也会越来越普遍。现在一般是某款车厂商推出多款不同配置的车型让消费者挑选，可能存在有些车款不如其他的受欢迎，库存积压下来的话对企业来说是一种浪费。有了定制服务的话，于厂商能降低成本，于消费者则可满足其个性化需求。尤其对高档汽车品牌来说，这可能是未来的发展趋势。

★满足不同消费者的不同需求

定制服务可以满足不同消费者的不同需求！

宅男们总幻想为自己"定制"一个女友，也许他们的愿望不日将达成。不是借助3D打印，而是靠大数据时代的婚恋网站。

4月7日，网易旗下婚恋交友网站"花田"发布微博称，其产品中的

UI、交互细节、文案、首页和个人页布局、功能、消息通知机制规则到微博运营，被世纪佳缘旗下的"爱真心网""抄了个透"。

虽然 2012 年 11 月才上的线，但"花田"的起点却不低：以免费沟通为卖点，主打一、二线城市的中高端市场。摒弃传统婚恋网站的"人工红娘"，不提供任何人工服务，从推荐到搜索全由系统自动完成。而世纪佳缘也在换帅之后摩拳擦掌，试图用大数据的精准化运营，为在海量异性资料中疲于搜索的用户"指一条明路"。

宅男们总幻想为自己"定制"一个女友。如何实现"定制"，尽管很难说世纪佳缘的尝试究竟是在对"花田"照猫画虎还是纯属巧合，但不可否认，大数据精准化运营已经成为婚恋网站的发展共识。

2012 年以前，婚恋网站最爱喊"实名制"。如今，各家都有了用户的基本实名信息，这种传统打法就过气了。毕竟有身份证的人，不一定是有身份的人。当你将身高、体重、年龄、学历等一一框定，一看还有 2000 个姑娘（小伙）符合要求，是时候让理性回归感性了。而这感性，又是建立在理性的数据分析之上。

"花田"界面采用类似微博的信息流展示形式。首页是异性用户最近更新的图片、内心独白和文字传情，展示其生活方式、个人品位等软性资料。系统会自动推荐那些相对活跃、最近有信息流更新的人，这就促使用户拿出更新微博的劲头来更新"花田"，为"花田"积累了大量可供分析的软性数据。

"花田"团队只有 30 多个人，大多是 85 后。他们在对海量软硬数据进行分析的基础上，总结出一些人物特征，建立出一定数量的人物模型。再分析具体用户，将其分门别类套入各种模型。这样，用户心仪其中某一个人，便可向其推荐这一类人。

现在，网易"花田"负责人夏天宇和他的团队正试图通过自然语言处理技术和语义分析方法来解码用户性格，实现"软硬兼施"的精准推荐。首先，他们运用切分词方法，从用户的"内心独白"中提取出现频率较高的关键词；其次，将这些关键词分类，如感性词汇或理性词汇；最后，通过文本分析、语义分析，从中挖掘出用户的性格是内向、外向、理想化还是现实派等。

"花田"还建立了外貌模型，如果想找个像范冰冰的女友，输入"范冰冰"，就会显示出很多范冰冰脸形的女生。据悉，"花田"之后还会推出几十种流行的男女明星脸形供用户选择。

如果"花田"能够跨产品平台，结合网易门户、邮箱、游戏等其他网易资源进行大数据分析，是否就能向用户推荐与自身阅读习惯、工作习惯、娱乐习惯都匹配的对象呢？真正的大数据必然是跨平台的，这点一般很难做到。

广大消费者的收入水平和生活环境处于不同的层次，会表现出不同的消费需求同时存在，不同的消费者有不同的消费心理和消费行为，影响和决定着他们的消费需求。

消费者行为总是处于不断变化之中，消费者个性化的消费需求正在日益升级，如今市场环境已从大众化消费时代进入了小众化消费时代。在大众化消费时代，因为产品的高度同质化，随着竞争加剧，很多企业不得不靠"卖产品，送服务"来维持生存，而小众化消费时代则是产品经济和服务经济的时代，产品已被视为基础设施，服务才是贯穿整个产业链的价值体系。定制服务早已广泛适用于各行各业。

市场竞争日益加剧的必然趋势，使商业竞争的焦点演变成为对消费者的争夺，企业必须不断吸引并保持顾客的注意力，不断与顾客进行信息交流，形成一对一的对话，顾客需要什么样的产品，就生产什么样的产品；消费者需要什么样的服务，就提供什么样的服务。这便是定制营销。

第四章：定制服务系统流程设计

★ 定制服务的顾客价值分析

只有明确了客户价值的内涵之后，才能通过为其提供满意的产品和服务来实现企业自身的价值。

所谓客户价值，就是客户在企业提供的产品和服务的消费过程中，所实现的满足。这种满足主要来自于客户所购买产品或服务的使用价值，虽然不是使用价值，却是构成客户价值的核心；没有足量的使用价值，不仅无法满足客户的经济福利，更无法满足客户的心理需求。购买了使用价值不足——产品质量不好的产品的人，不仅会蒙受经济损失，还要承受购买假冒伪劣产品以及受骗带来的心理伤害。

尽管如此，要为客户提供价值满足，仅仅有产品质量也还是不够的。

相对于企业的客户价值分类：保健价值与激励价值

客户的八大价值，用赫茨伯格的双因素理论分析，可以分为两类：

1. 只有保健作用的价值

企业提供的产品或服务不具有这类价值，客户就不会购买。如果购买了，不仅会导致不满，甚至还会引发投诉。这类价值包括三种：舒适、安全和方便。

这类价值主要对企业的生存机智——交易收益和风险价值产生作用。一般情况下，只能为客户带来这三种价值的产品和服务，除了供不应求而不得不为之付出高于它的成本投入的价值物外，客户不会产生高评价，并为它支付高于成本投入的等价物。

近年来，侵犯消费者安全权的事故频发，也让消费者越来越注意保护人身财产安全，人身财产安全也是消费者权利需求的第一个基础需求。

2012 年 11 月，速成鸡、快大鸭事件被媒体曝光，这些鸡鸭从入栏到出栏至少要吃 18 种抗生素药物，而一些养殖户为了使肉鸡能够快速生长，甚至用上了地塞米松等激素类药品，消费者的安全权利受到严重侵害，一些经营者唯利是图，严重侵犯消费者人身财产安全，侵犯消费者的生命健康权利。

频繁发生的安全事故也让消费者越来越重视安全这项基本的权利，安全权的维护是定制服务质量保障的基础，其意义不仅是商品或服务质量合格，更要求商品或服务不能给人身及其财产造成损害，这是消费者应当受到的最低限度的保护。

2. 具有激励作用的价值

这种价值是对客户能产生激励作用的价值。客户获得这类价值满足后，会直接提高他们对提供产品或服务的企业的认同：一方面提高他们对厂家的忠诚度；另一方面又形成口碑效应，他们会自主地称道产品及产品生产商，诱导他人购买。

这类价值不仅对企业生存价值产生作用，而且对企业发展价值——投资回报和社会美誉也会产生作用。如果能为客户带来这样的产品和服务，则会使客户产生好评价，并愿意为它支付高于成本投入的等价物。

保健价值：舒适、安全、方便

1. 舒适

舒适是人的生理需求获得满足的过程及满足时的一种惬意的感受。客户购买产品和服务的主要目的就是为了获得这种满足。这种价值包含的内容多种多样，但相对于健康而言，可以区分为三大类：一是有益于健康的；二是有损于健康的；三是与健康不相关的。

理性的客户所寻求的舒适价值，都是直接有益于自身健康的，或者说没有这种价值，自身的身体健康就要受到损害和威胁。

2. 安全

安全是人们所寻求的有助于自身身体安全和心理平静的一种价值。它让人感到轻松，没有忧虑和恐惧。其内容涉及衣、食、住、行、玩等多个方面。不安全的衣、食、住、行、玩，会让人忧虑和恐惧，造成心理紧张。忧虑和恐惧会通过人的心理作用直接危及人的身体健康。所以在马斯洛的需求层次理论中，安全被列为人的最基本的需求和价值。

3. 方便

方便是与舒适联系在一起的一种价值，但并不是舒适本身，而是获得这种舒适是否会带来不舒适的问题。它是人们在衣、食、住、行、玩等直接实现自身舒适价值的过程中所伴随的一种舒适。

比如，彩电的遥控器就是一种带来方便的装置。它让健康人不必挪动身子就可调频换台寻找自己想看的节目，这是方便。并且它让只能躺着或坐着，不能移动身子的病人也能随心所欲地调频换台，这却是舒适。

激励价值：经济、耐用、快乐、个性、自豪

1. 经济

经济是客户能用相对较少的等价物，获得相应较多的需求满足。它实际

上使客户在收入总额不增加的情况下，获得更多的需求满足，也就相当于增加了客户的收入。这种价值对客户来说是相当重要的一个内容，也是每个客户都重视的一种价值。对于同类同质产品，即使很有钱的人也大多倾向于选择经济的。

2. 耐用

耐用是客户所获得需求满足的一种持久性。

它是企业所提供产品和服务的使用价值的一种增加，它与经济价值有异曲同工的作用。客户所购买产品或服务的使用价值增加了而支付的等价物没有增加，就是客户花同样的代价，获得了更多的需求满足，也就相当于所购买的产品或服务变得经济了。

3. 快乐

快乐是与人的生理需求不存在直接联系的一种心理感受，尽管这种感受有可能来自于与生理需求满足相关的舒适，但它不是生理需求满足本身，而是获得舒适之后的一种心理满足。

但这种心理满足又不仅仅是依存于生理满足的舒适。人的价值观念及其所寻求目标的实现，本身可以给人带来极大的快乐，但它却可能与生理需求的满足毫不相关。

每一个购置私人游艇或者飞机的人，不仅仅从商品带来的舒适、方便中获得满足，而且也从与周围人的对比中获得一种心理满足：他人都没有，唯自己拥有，使自己显得高人一等。但这里的快乐依赖于企业所提供的产品或服务，是他认为购买的产品或服务与他人的不一样而带给他的一种心理满足。比如，他花与别人同样的钱所购买的产品或服务，比别人所购买的产品或服务多一个功能，就会给他带来一种快乐。

现在很多企业为了促销，提供超值服务，就是通过给客户带来意外的满足而给他带来快乐。

4. 个性

个性是每个客户自身独特需求的一种实现，是作为一种区别于他人欲望和需求的一种满足。人一方面渴望与他人一样，具有他人所有的一切；另一方面，又渴望与他人不一样，使自己与他人有所区别，以充分体现独特的自我。

正是后一种欲望使客户在购买功能相同的产品时，会在款式或色彩上寻求一种与众不同的感觉。正是这种渴望和需求使自己与众不同的个性成为一种重要的价值。这种价值只能靠企业量身定制来提供满足。

5. 自豪

自豪是通过与他人进行比较发现的，是一种"人有我有"之外的"人无我有"带来的心理感受。这种"有无结构"使他感到他自身的不同和超越他人的能力和权利。这种超越他人的能力和权利，使他感觉到自我价值实现的满足。自豪与个性相关，但不等于个性。

个性只是展示出他与他人的不一样，但这种不一样本身的价值并不一定存在。脸上长着青春痘的人和别人不一样，但他绝不会从这种不一样中获得满足。只有当这种不一样是对他人的能力、权利的一种超越时，才会产生自豪这种价值。

★ 基于功能特性的服务模型

如今，大众化消费理念已经褪去，个性化消费已经抬头。谁都有以自我为中心的本能，谁都希望自己独一无二。所以，私人定制是将服务推向最极致的一种做法，几乎没有人能够抗拒。同时，在这个移动互联网时代，O2O是一个最有前途的商业模式，线上线下结合是威力很大的潮流，如果你顺着潮流走，将会省下很多力气。

2014年9月6日，顺德均安的服装企业爱斯达服饰有限公司（以下简称"爱斯达"）推出的"idiymall.com"（智能裁缝）平台正式上线，描绘了这样一种便捷的个性化定制图景：

只需轻松地点击屏幕键盘，服装设计软件的虚拟试衣系统通过视频为客户扫描量身，将你的身高、体形等三维画面显示在屏幕上。不同面料、色彩、图案、款式的服装任客户挑选，各种根据客户的身材虚拟的服装供你选择与DIY。按下确定键后，72小时内，快递小哥将来敲门，送上量身制作的合体服装。

归根究底，他们想实现的就是两件事：远程个性化定制和高速自动化制造。樊友斌在服装业浸淫多年，最初是做服装贸易，后转身切入到服装生产中。2008 年他创立了爱斯达，跟佛山其他的服装制造厂一模一样，这家企业也是从代工起步。但"生活滋润"的外贸代工难以持久，贴牌生产的困境、对定制化趋势的感知让樊友斌一直想向"个性化定制"发动攻势。然而，这确实是一块难啃的硬骨头。

这一概念在国内外均不陌生，但在技术上实现却殊为不易。带来转折的是一家广州的激光企业。原本樊友斌找到的技术方案是几台机分别负责激光裁剪、烧蚀纹样等，完成一条裤子的工序需要 4 分钟；而这家企业能用一体机，全套工序只需 40~50 秒。不仅如此，经过共同反复讨论生产技术细节，这个数字明年可能达到 5.5 秒。此外，这台一体机就像打印机里装着不同墨盒一样，可以装载多种布料，更加契合了"高速自动化制造"的关键词。

在爱斯达的生产车间，布料自动传送到这台白色机器的履带上，激光在其上烧蚀出设定的图样/文字，并按需要裁剪好，这些工序的完成，就在转瞬间。处理过后的布料离开履带，即将进入车间的另一边，经由"双轨道全自动吊挂系统"进行后续处理。

这套数字化智能生产系统由爱斯达自主研制，工人在实际生产时输入工序、工段，完成后只需轻轻按下控制钮，悬吊系统就会自动将衣架传送到下一个工序站。各工序互不相同，串行而不并行，大大提高了工作效率和产品质量。

当"智能裁缝"已够新潮的时候，停不下来的樊友斌又将快手伸向了另一热门概念：O2O（Online To Offline），如何把定制服装做到线上线下相结合？他给出的答案是咖啡牛仔文化馆。在这里，除了牛仔沙发、靠枕等无所不在的牛仔元素，还会有网上试衣系统，扫描你的身材数据，让你马上就能尝试着 DIY 自己的美衣。从定制到收货，客户 3 天内就能拿到符合自己心意又贴合自己身材的"独此一件"的服装。

当下 90 后是个性消费的主力，商家们尤其要注意捕捉 90 后的消费心理。人类的痛点和痒点都是营销的着力点，私人定制就是满足了用户唯我独尊的心理需求。

★模块化战略制定

企业从创业到走向成熟，首先要通过资源的交换为客户创造价值，接着最为重要的事情就是找到一个成熟稳定的商业模式。商业模式协调着新的分工与外部环境之间的关系。成熟的商业模式必然包含着企业的盈利方式，企业可能会与多方存在资源和信息的交换，而一个成型的盈利模式则必然找到了在一些简单的低沟通成本的资源交换上的交易。

在饮料行业，价值链由浓缩液制造、装瓶、后勤、分销、市场营销和客户关系等环节组成。可口可乐仅仅生产浓缩液，而装配商通过获得其特许经营权来完成浓缩液的装瓶。虽然可口可乐在全国范围内拥有良好的品牌，但是装瓶商才是它的直接客户。装瓶商对浓缩液的需求取决于市场对可口可乐的需求。

20世纪70年代，可口可乐发现其市场份额开始下降。研究后发现，市场份额的损失主要发生在食品店环节，大型区域性连锁超市是其强有力的竞争对手。可口可乐的装瓶商们已经习惯于向家庭零售店供货，难以满足新的超市连锁店的需求。

连锁超市服务要求协调、统一定价和主要客户的关注，可是，由于特许经营的装瓶商相互独立运作，具有不同的成本结构和利润水平，因此他们常常难以达成统一的价格。

而百事可乐却拥有许多装瓶商，能为大型超市供货。百事可乐在与大型食品零售商订立合同的时候拥有更大的价格灵活性，利用这种机会，可以使其产品定价低于可口可乐。当可口可乐希望自己能够像百事可乐那样，以同样的服务和低价格进入超级市场时，由于无法说服各自为政的装瓶商，逐渐丧失了竞争力。

在这种情况下，可口可乐迫不得已，开始回购特许权，购买控股权。可口可乐为许多交易提供中介和融资支持，确保新的装瓶商配合其增长战略，大幅提高盈利。价值链上的重新整合使得可口可乐重新掌握了对渠道的控制能力，现在可口可乐可以以统一的低价格进驻超市和百事竞争。

更重要的是，可口可乐发现真正的利润来自于饭店和自动售货机，于是开始做出更多的渠道投资。通过改变企业的组织设计，可口可乐成功地将业务推进了价值链上的利润区，而在之前，由于分散的装瓶商只关心自己的现金流，可口可乐在分销渠道上的布局根本无法推动。

这个案例相对简单，可乐的生产链早就是成熟的模块化。可口可乐公司只需提供饮料的浓缩液，装瓶商负责装瓶，再交给分销渠道即可。由于新的分销渠道的出现和分销渠道上利润区的移动，可口可乐不得不做出调整，然而这种调整要求可口可乐拥有对装瓶商的控制权，结果在没有改变产品模块的情况下，组织结构做出了调整。

企业的商业模式设计决定了交易的产生，而模式寻找中哪些交易可行，哪些不可行都是试错的结果。定制服务也是如此！

在设计商业模式的过程中，企业要绕开一些复杂的交换，设计出其他一些可行的交换来实现交易。如果难以做出这样的设计，就需要对产品进行重新模块化，将复杂的交易封装起来，在模块产品的简单界面上完成交易。

实现大规格定制的最好方法、最低的成本和最高的个性化定制，是建立能配置成多种最终产品和服务的模块化构件。概括起来，有六种方法可以实现构件模块化定制。

1. 共享构件模块化

在这种方法中，同一构件被用于多个产品，在增加多样性和个性化的同时实现了范围经济。

2. 互换构件模块化

这种方法是共享构件模块化的补充，用不同构件与基本构件组合，形成与互换构件相同数量的最终产品。

3. 量体裁衣式模块化

这种方法与前两种方法相似，只不过这里一个或多个构件在具体使用过程中有所变化。如松下的子公司——国家自行车工业有限公司，在确定顾客需要的自行车型号和颜色之后，精确测量顾客的身材，以确定自行车各构件的准确尺寸，生产出完全个性化的、使顾客最感舒适的自行车。

4. 混合模块化

这种方法可以使用上述任何一种模块化类型，它与其他模块化的主要区别在于构件混合在一起后形成了完全不同的产品。例如，百事可乐公司设立了一种自动售货机，允许顾客按自己的口味，改变果汁、附加调味品（苹果、柠檬、巧克力等）、甜料及咖啡因的含量，调制出完全定制的饮料。

5. 总线模块化

这种方法采用可以附加大量不同构件的标准结构。它与其他模块化最大区别在于其标准化结构允许在插入其上的模块的数量、类型和位置等方面有所变化。这一方法的最典型例子就是兼容电脑，顾客可以根据自己的需要在计算机机箱中装入不同的配置。

6. 可组合模块化

这种方法提供最大程度的多样化和定制化，允许任何数量的不同构件按任何需要的方式组合，只要每一构件与另一构件以标准接口连接。这一方法的典型例子是拥有柱状接口的 Lego 积木，最终成品数量仅受想象力限制。

★ 定制服务方案制订

方案是私人定制项目的大方向，科学的方案会使一个复杂的定制服务变得有条理、有顺序、有效率；尽可能减少工作过程中的错误与偏差，使最终成果更加符合客户的需求。方案对于项目很重要，那么具体到定制服务，我们如何制订科学完善的方案呢？

确定客户服务的时机

服务贯穿于定制前、定制中和定制后的整个过程。定制前服务主要包括充分了解客户的需求，与客户加强接触，建立信任关系；定制中服务是指，给客户制定合理的方案，帮助客户解决实际问题；定制后服务发生在与客户成交之后，内容是与产品有关的后续服务。定制后服务不仅包括维修、配件、保养等基本服务，还包括超出附加值的服务，即超值服务。提供超值服务只有选定最佳的服务时机，才能取得最好的效果。

一般来说，按服务时机可将企业服务分为定期服务和非定期服务两种。

1. 定期服务

每隔一段时间或者在某个固定时间，如节日、客户的生日、纪念日等，为客户提供特殊的服务。定期服务送给客户的不仅是一份礼物，更是一份用心的关怀和友好的情谊，往往能够打动客户。

2. 非定期服务

非定期服务形式有很多种，包括资讯的提供、不定期地拜访、联谊活动、电话问候、意外的小礼物等。非定期服务具有不确定性，只要客户有需要，企业都应该主动为客户提供。

形式	说明
资讯的提供	可以为客户提供行业内的咨询，报纸杂志、网络的信息等需要的资讯。例如，当客户打算定制家具的时候，企业就应主动为其提供最新的家具信息
不定期的拜访	不定期地拜访是在时间允许的情况下对客户进行拜访，可以事先计划，也可以临时顺路。按照客户等级的不同，可以采取不同的拜访频率。例如，A 级客户一个礼拜应拜访一次，B 级客户一个月拜访一次，C 级客户则两个月拜访一次。需注意的是，不论什么级别的客户，一定要见面，否则容易与客户拉开距离
联谊活动	举办联谊活动能够有效增进与客户的感情，所以应经常举办一些客户联谊活动，一起吃饭、聊天，这样既能巩固与老客户的感情，又能建立并加强与新客户的联系，同时在联谊会上彼此能够交流信息、互通有无
电话问候	现在，通信非常发达，客服可以用很少的时间打电话或者发短信问候客户，表达自己对其的惦念，这些举措都能获得客户的好感
小礼物	在必要时，可以送客户小礼物。送礼物的关键是能投客户所好

四种类型的服务

定制服务一共有两种特性：一是程序特性，即提供产品和服务的方法和程序；二是个人特性，即与客户打交道时采用的态度、行为与语言技巧。根据这两种特性，可以把服务分为四种类型：优质型、友好型、生产型、冷淡型。

1. 优质型服务

优质型服务是最卓越的服务。

优质型服务，在程序特性上表现为办事效率高，解决问题及时；在个人特性上表现为态度友好、为客户着想。

优质型服务传达给客户的信息是：我们非常关心您，愿意为您服务。

2. 友好型服务

友好型服务的特征是，态度很友好，但是解决问题的速度缓慢，即偏向于个人特性而忽略程序特性。

友好型服务传达给客户的信息是：我们在努力，但是抱歉，接下来实在不知道该怎么做。

友好型服务有时是一种有效的客户服务方法，尤其是当客户提出过分要求时，应当采取友好型服务，保持良好的态度，不与客户起争执，但是过分的要求坚决不答应。

3. 生产型服务

生产型服务与友好型服务正好相反，其特征是解决问题很迅速，但是不注意方式，对客户可能不够尊重。

生产型服务传达给客户的信息是：你是一条流水线上的产品，我们在对你进行程序化操作。

4. 冷淡型服务

冷淡型服务最糟糕，不但态度不好，问题也解决不了。

冷淡型服务给客户的感觉是：我们根本不关心你，不想为你服务。

冷淡型服务会伤害客户的感情，给客户留下恶劣的印象，严重的会造成客户的流失，因此必须避免和改正这种服务。

★ 定制服务方案实施

如何来实施服务方案呢？通过下面具体的例子我们来进行说明：

客厅

老屋：墙面灰暗，电视柜、茶几堆满杂物。

新房：电视墙落地柜加组合式层板，强大的收纳功能满足客户收藏并展示的喜好，窗帘、沙发、墙纸都非常协调，清新温暖的环境让全家聚在一起的时光更多了。

卧房

老屋：衣柜声音大，尺寸小，浪费空间。

新房：衣柜真的好实用，现在棉被、四季衣服全部放进去都还有剩余位置，还设置了穿衣镜和内藏抽屉，时尚的趟门安静又好用。梳妆台与床头柜完美组合，睡前读完的书随手就能放在柜子上，太舒心了！

书房

老屋：书柜小、书桌大，拐角空间没利用起来。

新房：书柜与尺寸刚刚好的书桌组合起来，完全贴合墙形，连原先空置的拐角位都被利用起来打造成了一个开放的书柜，再也不用担心没地方放书了。

厨房

老屋：环境欠佳，空间杂乱、拥挤。

新房：整体橱柜的设计美观又实用，设备齐全还井然有序，没有油烟，没有四溅的水花，下厨简直是一种休闲活动。

1. 如何为客户服务

通常要经过这样一些步骤：

第一，建立客户服务的档案，分类整理并熟悉；

第二，调查客户对服务的种种需求并进行分析和准备；

第三，拟定客户服务计划和行动方案，进行服务拜访；

第四，对服务满意度进行追踪反馈，找出疏漏之处；

第五，持续改进、完善，直到客户完全满意。

2. 客户服务的方法有很多

主要包括：

第一，亲自接待，对于 VIP 大客户，一定要亲自接待；

第二，书信问候，包括信函、贺卡、资料等；

第三，电信通信，包括电话、传真、邮件、短信等；

第四，鲜花、蛋糕、书籍、赠券等；

第五，附加值服务，企业主动提供附加值服务，如联谊会、抽奖活动、家政服务、旅游、剪报等，都会受到客户的欢迎。

3. 要点提示

服务的目的是让客户满意，因此，在服务过程中客户服务人员要处处考虑如何才能让客户更满意。具体来说，达成客户满意的方法有六个：

第一，处处为客户着想，站在客户的立场考虑问题；

第二，照顾客户无微不至；

第三，待人以诚，不怕吃亏；

第四，定期进行拜访，主动与客户交流，增进感情；

第五，及时处理客户投诉，同时向公司反映问题，尽快解决问题；

第六，服务人员之间相互交流经验，共同进步。

★ 定制服务方案修正

在维护定制服务的时候，会涉及服务方案的修正问题。当客户提出不同意见的时候，就要认真对待，进行方案的修改，直到客户满意为止。

设计师如何与客户沟通

所谓设计沟通是指，客户与设计师彼此尊重、相互配合的一种互动的合作关系。客户须提出自己的要求和建议，表明自己的风格意向，从而使设计师在设计中做出最佳的设计方案。

大多数客户有一定的知识水平，文化素质比较高，能够比较冷静地思索，沉着地观察设计师。他们能从设计师的言行举止中发现端倪和真诚，他们就像一个有才能的观众在看戏一样，演员稍有一丝错误都逃不过他们的眼睛。他们的眼里看起来空荡荡的，有时能发出一种冷光，这种顾客总给设计师一种压抑感。

有些顾客讨厌虚伪和做作，他们希望有人能够了解他们，这就是设计师所应攻击的目标。他们大都很冷漠、严肃，虽然与设计师见面后也寒暄、打招呼，但看起来都冷冰冰的，没有一丝热气，没有一丝春风。

部分客户对设计师持一种怀疑的态度。当设计师进行方案说明时，他看起来好像心不在焉，其实他们在认真地听，认真地观察设计师的举动，在思索这些说明的可信度。同时他们也在思考设计师是否是真诚、热心的，有没有对他捣鬼，这个设计师值不值得信任。

这些顾客对他们自己的判断都比较自信，他们一旦确定设计师的可信度后，也就确定了交易的成败，也就是说，要推销给这些顾客的不是制作本身而是设计师自己。如果顾客认为你对他真诚，可以与他交朋友，他们就会把整个心都给你，这交易也就成功了；但如果他们确认你做作，他们就会看不起你，会立即打断你，并且转身离去，没有丝毫的商量余地。

1. 客户并不是专家

在洽谈时要有十足的底气，要相信自己，你的自信带给客户的感觉是你行，当你自己都没什么把握或者犹豫不决时，客户对你的印象分会大打折扣，这是防止被客户否决的必要条件。当你说错的时候，要么主动承认口误，要么坚持错误。不要让客户发现你的错误，反之他就是专家，你什么都不是了……客户需要从你身上得到东西。

在客户进行咨询时，有些工作人员往往是在跟着客户的不断发问而进行着机械性回答，这常常是设计人员丢失客户的最主要原因。设计师所面对的绝大部分客户，几乎都是对设计行业一无所知的纯外行。设计人员要想尽快地说服客户，就必须详细了解客户的消费心理，善于引导客户的消费心理，从而利用客户尚不成熟的消费心理，达到良好的营销目的。

要了解客户的消费心理，首先应该了解客户前来咨询的目的。那么，什么是客户前来咨询的目的呢？如果你是外行，你所了解的设计知识一定少之又少，当你面对设计人员的时候，你只能把一些道听途说的问题以及你所能想到的问题提出来；如果设计人员采用一问一答的方式，机械地回答这些问题，那么，当你提不出来更多的问题时，咨询时间也就结束了。

几乎所有快速结束的咨询都是这个原因，所有因为这个原因结束的咨询几乎都是以失败而告终的。如果设计人员要做到"问一答十甚至问一答二十，乃至三十"，那么就有机会塑造成功的咨询模式。

请记住并深刻理解这样一句话："你是一名专业的设计人员，不要让客户把你给设计了！"这是设计人员在回答客户咨询时必须遵循的原则。

总之，如果你在回答客户咨询时遵循了"时时掌握主动"的基本原则，就一定能够在瞬息万变的设计市场上，创建出一块独属自己的领地。

2. 客户需要什么样的服务

客户来到公司就需要服务，需要怎样的服务？设计师要从客户角度去考虑问题，了解客户需要的侧重点，是设计还是策划，还是价格。然后就从客户的角度展开工作。

如果是一名纯属外行的消费者，那么他将会怎样进行设计消费呢？仔细想想，他很有可能会先把设计人员问个底，然后挨家挨户地不停地咨询；当感到疲惫不堪，再也没有精力去进行更深层次的询问时，消费心理又如何呢？

换位思考所带来的绝妙之处就在于角色互换，它能够使人们设身处地地为他（她）人进行缜思。如果准备进行设计的消费者首先要考虑的是资金使用问题；然后，会考虑售后服务能否得到保证；再往后，还会考虑到设计问题，这是一个设计消费者标准的思维方式。

因为大多数顾客的财力是有限的，所以，很注重设计人员给的设计报价单的总金额，但是，同样注重品质。这就引发了一个矛盾：在设计行业中设计费完全制约着后期制作的现实条件下，如何才能既不增加资金投入，又能保质保量地完成设计方案？

客户的全部需求按照其重要性进行顺序排列是：①服务；②质量；③价格；④设计效果。了解了客户的真正消费需求，设计人员也就有了相对应的营销策略。

3. 怎样去给予客户

客户越想要的东西，设计师越要了解，但并不是把你所有的东西都给予他，这样太透明，让客户得到得太容易，认为你的工作很简单，没有价值，但又不能什么都不给。所以，要把握火候。

4. 客户喜欢跟什么样的设计师打交道

形象、技能、口才都很重要，但是，坦诚是每个有血肉的人都期待的，让客户能感受到你的坦诚比什么都重要。成功的方法不是你做得有多好，而是客户相信你，即使你有一些失误。每个人都需要知心朋友，某一方面与之产生共鸣是成为朋友的要素。

5. 了解客户与你签约的条件

不是你满足了客户的期望值，而是你满足客户的期望值大于所有对手的付出。所以，在服务、沟通、设计能力等方面要尽最大的能力做到最好，失败就是因为技不如人。

在你付出劳动和时间的时候，你的对手也在用一切方式去征服客户，要在付出服务的时候考虑一下人家是怎么做的，再进一步加强自己的服务，这就是设计师最难做的但是必须做的。设计师很累，但这就是你的工作，当你满腹牢骚的时候，别人正在创新。

6. 客户需要的沟通时间是什么

接待客户后用最快的速度理解项目，越快越好，当你在客户心中还有比较深的印象时，当你的对手还没有和他见面时，就可以在客户心中留下更深的印象，反之，等几天时间当客户已经和若干家对手接触后，他已经对你失去印象，你将失去这个客户。虽然你可能在谈的时候约定了一个时间，但在你用心设计的同时，还是越快越好。

7. 客户迟到意味什么

假如你约定客户上午十点半公司见，可是你上午没来，电话过去后说有点别的事忙下午再来，这是非常不妥当的。首先，设计师是任何情况下都不能迟到的，特别是面对未订合同的客户，而客户迟到对于他来说是正常的，因为你有求于他。所以，和客户谈话的时候，要尽量发挥自己的沟通水平，多多交流，尽心尽力，朋友是沟通出来的。

8. 客户是否真的满意

当客户说你什么都好时，说价格没什么问题时，说肯定找你签时，你要警惕，他可能已经确定不会跟你合作，只不过找个台阶下罢了。或许他的心中已经有了选择，不过通过一些言语来从你这里得到更多的创意或其他。这样你就要注意自己哪里不到位，争取挽回，不要飘飘然，客户没有签约交款，一切还是零。

9. 客户较真注意问题

当客户当面说你的设计要怎么怎么改，讨价还价时，就证明对你有兴趣，要好好把握了。他不是说对你不满意，而是在定之前看能否得到一些好处，比如折扣等，反过来看看你自己买东西时的心态，也是如此。

10. 多注意客户的语言

当你约定客户时对方说在出差，对方说没空或者开会，说考虑考虑时，说价格高时，其实他很大可能是在对手公司"出差"，可能他想得到你所不能给他的东西，或者对你不是很满意；如果客户对你没有什么兴趣了，你就要反省自己在接待工作中的漏洞及错误。不过，货比三家是正常的。

11. 客户需要反驳

客户有很多想法，有来自自身生活的，也有其他设计公司或朋友的建议，一定要引导客户顺从你的思维方式进行思考，切忌对客户顺从，顺从证明你没有足够的掌控局面的能力。要善于打断客户的提问，打断的时间应掌握在你已经洞悉客户即将提出的问题的时候；礼貌地反驳客户的建议，有助于在客户心目中树立你的专家形象。

12. 掌握报价的表面性

市场行情是有些公司必定在故意漏报、少报价格，客户首先看到的是报价的尾数，毕竟客户不是很懂其中的猫腻，在他心中别人故意漏报、少报，你也必定有这种情况，所以要跟客户解释清楚，同时还要有一些技巧。但绝对没有一个客户说你的报价便宜。

13. 积极面对客户的无理要求

经常有设计师面对客户拿走设计报价，或者要求每天去沟通一次，或者要求低折扣时，都会答应，这只能证明你功底不深厚。要知道，自己做不到的事别人也做不到；自己不愿做的事，别人也不愿做，学会适当地保护自己。

客户经常会提出一些试探性的要求，比如设计方面。有一句话是这样说的：因为是我，所以不做。一般越是得不到的越想得到，想看设计，就必须办"手续"。真正的大牌是有所保留的，要有技巧地在客户面前装成大牌。

14. 明白依赖的惯性

很多东西都有惯性，不要让客户或者其他人员感觉你做的超出工作范围的事情是应该的。你做的不是职责范围内的事情将拖累你正常的工作。客户在设计过程中需要一个全程的向导，一般是项目经理或主管，不是设计师。

15. 客户需要恭维

任何人都有虚荣心，所以要给客户一种成就感，比如：在设计中让他感觉是自己的功劳，但逃不出你的"五指山"。漂亮的话大家都会讲，但要把握的是时间和方式。

改变客户偏好的方法

客户的偏好是在其对产品态度的基础上形成的，通过改变客户的态度，可以最终影响其购买行为。

1. 传播产品信息

通常客户会对不了解的产品有一定的排斥心理。要改变客户原有的态度，必须为其提供产品信息，让客户了解产品功能和优点。传播产品信息的途径有产品展销、现场演示、广告宣传、提供文字资料等。

2. 组织活动

举办一些有趣的活动，吸引客户参加，让其在活动中接触产品，体会产品的优点，从而有效地改变其态度。

3. 耐心引导

通过宣传或积极组织活动等方式来改变客户的态度时，应逐步提出要求，不断缩小客户心目中的产品与企业所提供产品之间的差距，不要急于达成目的，那样做反而会激起客户的逆反心理。

4. 巧妙沟通

与客户接触时，应了解客户的需求以及其购买的意图。要善于观察，以良好的风度、知识水平、销售技巧以及语言艺术给客户留下好印象。牢记不要试图反驳客户的偏好，不要攻击客户心目中的优秀品牌。

要成功实现以客户为中心的销售，必须了解客户偏好，竭力满足他们的偏好。

★ 定制服务方案跟踪服务

设计的跟踪服务是定制服务工作的一个重要组成部分，是设计工作的延续和补充，是定制服务中必不可少的一个环节。

定制服务是一项点多、线长、涉及面广、隐蔽性工程多的设计任务，是一项群体协助密切配合才能完成的复杂的设计任务。况且当前普遍存在设计周期较短的问题，设计考虑不到的现象也普遍存在，这更凸显了设计后续服务的重要性。

如何做好设计动态跟踪服务呢？

1. 派驻经验丰富的设计代表，为客户及时提供优质的服务

一个设计项目是否完美，其后续的服务也尤为关键，而派驻的现场设计代表是设计后续服务的关键人物，此人不仅要具备良好的业务水平，而且要有高尚的职业道德，具备以"服务现场、把关质量"为己任，急客户之所急、想客户之所想，设身处地地为客户排忧解难，积极做好施工服务工作的热情。

2. 加大后期设计成本的投入，不惜一切代价完善前期的不足

由于定制服务设计项目的特点，有些情况要在实施时才能确定，因此，定制师就必须不惜成本地去补救，只有这样才能完善前期的不足，才能为定制服务顺利施工奠定基础。

3. 及时与客户积极沟通，为动态设计寻找最佳设计方案

定制服务中总会遇到一些设计不合理之处，遇到这样的问题如何去有效地解决，对加快服务施工进度、节省造价将起到重要的作用。

4. 及时提供变更设计方案，为定制服务顺利实施提供保障

设计代表应当熟悉图纸，领会设计意图，在设计跟踪服务中如发现未按图纸和技术规范施工的情况，应及时向客户提出。定制的质量很大程度上受服务方的技术力量、质量意识以及管理水平的影响。

在实际服务的过程中，有些服务方质量意识淡薄，不按设计图纸进行，这是不对的！一旦发现了问题，就要向客户提出。

第五章：定制服务人员素质保障

★ 定制服务是一种高水平的劳动

定制化服务是一种劳动，并且是一种高水平的劳动，它需要"劳动者"有更高的素质，更丰富的专业知识，更积极的工作态度。因此，这种劳动较有形的生产劳动和无形的服务具有更大的价值。

2014年2月13日，格兰仕宣布与淘宝、天猫合作推出全新私人定制的白电品牌——U'Love（唯爱）。同时，格兰仕空冰洗官方旗舰店也正式登陆天猫，拉开格兰仕率先以"渠道电商化"拥抱互联网时代的序幕。

格兰仕企划部负责人说："唯爱是格兰仕白电面向天猫专门定制的品牌，未来根据企业的发展需要，不排除也会面向京东、易迅等电商平台推出定制品牌。"

与此次活跃在淘宝、天猫平台上的众多"淘品牌"不同，此次格兰仕面向天猫的私人定制，则是基于自身的全产业链优势和产品定义、售后服务定义能力，探索一条线上线下全面融合的O2O模式。

借助天猫的电商平台获得更多年轻人的需求，又通过格兰仕的线下服务能力填补线上安全配送服务的短板。格兰仕不是第一个，也不是最后一个在互联网冲击下以定制品牌出招的企业，但格兰仕绝对是最聪明的那个。

早在2013年，美的小家电便率先在京东商城推出了电商品牌"易酷客"，并发布了专门面向年轻人定义的电饭煲、电磁炉等产品。此后，创维电视与阿里联合推出深度定制的酷开电视，康佳也推出专门的电商品牌KK-TV。

隐藏在家电企业面向电商纷纷推出新品牌背后的，一方面是新品牌要在传统品牌之外联系互联网时代的特点寻找到新的元素和内涵，从而迎合年轻消费者的需求；另一方面则是避免对线下传统品牌已经成熟的销售网络、品牌定位和价格体系造成冲击。

如今，各行各业定制服务不新鲜，但是消费者对这样的定制却表示"想说爱你不容易"。因为在实际的定制过程中，出现的诸如设计风格、产品尺寸、安装环节等方面的纰漏着实让消费者焦头烂额。企业该如何做好"定制"服务？设计师是定制服务的关键点。

1. 设计师是定制的灵魂

定制服务提供的是一对一的服务，只适合一个客户。定制产品都是按单个客户的需求来设计，从定制的流程和关键点来说，设计师起决定性作用，是定制的灵魂。定制的生产人员无法到现场，现场的尺寸和风格都由设计师来掌握。如果设计师出现任何差错，后期工作将无法弥补，除非返工。要准确计算成本和节约成本，设计师是整个定制的核心。

马可1996年与毛继鸿（前夫）创办服装品牌"例外"，2006年创立品牌"无用"，2007年成为首位在巴黎时装周做压轴发布的中国设计师。尽管"例外"早已是我国家喻户晓的品牌，但对于"无用"，在彭丽媛首次陪同习近平出访之前知道的人却少之又少。

身为品牌创始人和设计师的马可对镜头从来不感冒，甚至从不接受媒体访问。而"无用"的设计风格也与其设计师低调的作风一脉相承，几乎所有衣物都用到了超大码的做旧设计，而且天然织物和手工的痕迹很强，看起来跟光鲜、奢华的高级定制似乎挨不上，因为马可认为"衣服就是皮肤之外，跟皮肤最亲近的一层东西，它的价值在于情感的传递和表达，在这个意义上，所谓的流行、时尚都是不重要的"。

2. 专业设计人才匮乏

就目前的情况来看，产品设计专业人才严重匮乏。比如，橱柜行业。根据有关统计数据来看，目前国内3万多家橱柜企业，拥有的设计师却不到3000人，意味着平均每10家橱柜企业只有一个设计师。

相关调查显示，目前橱柜行业的设计师大部分是年轻人，70%没有手绘、色彩、美术的基础，差不多都是从计算机专业、家具设计专业、装饰设计专业毕业的，许多还是由中专毕业到工厂打工然后自学成为设计师的。即使商家前期在宣传上开足马力，但是如果橱柜设计师的整体水平和服务质量没有跟上，结果势必会功亏一篑，使得橱柜成品的质量大打折扣，就会导致顾客不满意，要求返工、维修甚至退单等现象发生。

要改变设计师供求状况及其专业水平不是一朝一夕的事情，企业要注重自身设计人员的培养，来真正实现品牌的突破。可以积极拓宽设计人员设计的知识面，提升其设计能力。除此之外，还可以提供设计人员在各品牌之间的交流学习，聘请有经验的设计人员组织培训讲座等。

★从业者具备丰富的专业知识

作为一名定制服务的工作人员，必须掌握足够的产品知识、销售技术方面的知识以及对客户的认识。如果你是一名房屋销售人员，你就必须抱有成为一流建筑师的心态；如果你是一名汽车销售人员，就应该成为一流的汽车保养修理员；如果你是一名服装销售人员，就必须对最近时装的流行样式了如指掌……总而言之，对于各类知识，尤其是有关销售产品的知识，都应该积极学习、积累。

各行各业的知识不够丰富，也是销售失败的原因之一。现在的客户对各种产品都有丰富的认知，当客户面对一个产品知识不扎实的销售人员时，三言两语就可将他打发掉。知识越丰富，话题就越多，心灵的交集也多，就容易产生共鸣。产生共鸣客户就容易接受你，你就容易做成生意，致使推销成功。

设计师这个领域是比较大的，也不断涌现出很多优秀的设计师，年轻的一些设计师，应该有坚固的专业基石，专业基础知识要深厚。那么，从业者应该具备哪些知识呢？现在，我们就分别对不同行业的设计师作出说明。

室内设计师

室内设计师专门从事室内设计的工作，重点是把客人的需求转化成事实，这就需要做到：着重沟通，了解客人的期望，在有限的空间、时间、科技、工艺、物料科学、成本等压力之下，创造出实用和美学并重的全新空间，被客户欣赏。

影响室内设计的因素很多，诸如室内空间的尺寸、空间结构的潜能和局限性等。设计要素包括视觉（颜色、灯光、形状）、触觉（表面、形态、质地）以及听觉（噪声、回音）。设计师必须对上述要素具备美学、适用性和技术上可行的欣赏能力，还必须了解人们如何使用上述元素以及做出何种反应，不仅要了解单一要素，而且要了解不同要素间的相互作用。

设计师还必须具有广泛的知识面，了解室内设计中用到的各种类型和特色的室内陈设品和器件饰物。家具、灯具、地毯和地面铺设材料、油漆和墙面饰材、玻璃、铁艺、配件、工艺品都是室内设计师经常选用的诸多材料和饰品。

此外，设计师必须熟悉设计、艺术和建筑的不同风格及其历史背景。只有内在的修炼提高了，才能做出作品、精品、上品和神品，否则，就只是处于初级的模仿阶段，流于平凡。一个品德不高的设计师，他的设计品位也不会有高的境界。

1. 专业知识

室内设计师必须知道各种设计会带来怎样的效果，譬如不同的造型所带来的力学效果，实际实用性的影响，这其中所涉及的人体工程学、成本和加工方法等知识绝非一朝一夕就可以掌握，而且还要融会贯通、综合运用。

2. 美术功底

美术功底简单而言是画画的水平，进一步说则是美学水平和审美观。可以肯定全世界没有一个室内设计师是不会画画的，"图画是设计师的语言"，这道理也不用多说了。虽然现今已有其他能表达设计的方法，如计算机，但纸笔作画仍是最简单、直接、快速的方法。事实上虽然用计算机、模型可以将构思表达得更全面，但最重要的想象、推敲过程绝大部分都是通过简易的纸和笔来进行的。

3. 设计技能

设计技能包括油泥模型制作的手艺和计算机设计软件的应用能力等。当然，这些技能需要专业的培养、训练，没有天生的能工巧匠，说明较强的动手能力是设计师必须具备的。

4. 工作技巧

这里所说的工作技巧即协调和沟通技巧。这里涉及管理的范畴，但由于设计对整个产品形象、技术和生产都具有决定性的指导作用，所以善于协调、沟通才能保证设计的效率和效果。这是对现代室内设计师的一项附加要求。

服装设计师

服装设计师是指对服装线条、色彩、色调、质感、光线、空间等，进行艺术表达和结构造型的人。要想成为一名服装设计师不是一件容易的事，不仅需要一定的天赋，而且更要懂得学习方法并为之付出辛勤的努力，然后才能学有所成。

1. 扎实的美学基础

要想从事设计这个职业，必须先学会发觉美的东西，提升眼光才能进一步改进表现的方式。美术学院的基础教育基本上让想从事设计的人了解了多元化的表现方式，也大大提升了想学设计的人的造型能力，但是就连美术学院的优等生也往往不能很好地完成一件另人满意的作品，这就取决于经验的磨炼。

2. 社会经验积累

刚出道的设计师，往往内心充满憧憬，但是当有机会上岗操作时又满脑子空白，一点思绪都没有，或者表现的方式只往新、奇、怪的方向走，但是客户却不认可，究其原因在于设计的量少、表现方式有限、不是最有效的、跟客户沟通少难以全面理解客户所要的，最可怕的是一味追求形式感却跟市场脱离。这就需要反思、分析、积累经验。

3. 策划先于设计

想成为一个优秀的设计师只有良好的设计基础和丰富的学识是不够的，必须学会合理调度、运用各种元素，这样就必须在设计之前先预估设计的结果，包括市场的反响、效益、连带关系、后续进展等。

好的设计师必须能驾驭市场、引导市场、开发市场，这样就必须以很好的策划思路为前提，并且在市场的运作中调整策划方向，使得设计出来的作品对于客户是最有效的营销武器，帮客户赚钱才是硬道理。

4. 掌握时代技术

设计行业是最时尚的行业，它融合了目前全世界最尖端的设备和软件，集合了全世界最新的信息科技。在这网络高速发达的社会，任何与设计有关的技术、设备、信息，设计师都必须了解、善用，要运用最有效的武器装备自己，集中最新的信息丰富自己，紧跟时代变幻步伐，使自己立于不败之地。

★定制本质就是服务，从业者要有积极的工作态度

什么是心态？心态就是一个人对事物的态度。积极的心态是指主动向好的、正面的方向去想问题，并积极采取行动，努力实现自己的目标。消极的心态是指不满于自身条件或能力，进而造成信心的缺失，看事情容易往不好的方面想，轻易就会放弃自己的目标。

人与人之间有着很小的差异，这些很小的差异，有时候会造成巨大的差异。很小的差异包括积极的心态和消极的心态，巨大的差异包括成功与失败。

在美国华盛顿附近有一个小镇，镇上有一个叫艾克的男孩，他很懂事，经常帮妈妈干家务。他酷爱足球运动，还参加了校队。但在刚上初中不久，因为车祸，他的腿瘸了，并迅速恶化为癌症。医生告诉他，必须截肢，否则有生命危险。于是，他的一条腿被切掉了。

出院后，他拄着拐杖返回学校，很高兴地对朋友说："我下周就会安上一条木头做的腿，到时候，我就可以随便把钉子钉在腿上，你们谁都做不到。"朋友们听了，都被他的乐观所感动，笑着说："我们的艾克最棒了！"

足球赛季一开始，艾克立刻去找教练，问他是否可以当球队的管理员，教练爽快地答应了。在练球的三个星期中，他每天都会做好自己的工作，毫无怨言。有一天下午，艾克没有来球场，教练非常着急。后来才知道他病情

恶化了，活不了多长时间了。

队员们都去医院看艾克，艾克笑着说："等我做完治疗，还会回去的，给你们加油助威。"几周后，艾克又回到了球场，面带笑容地为其他队员加油。因为他的鼓励，球队最终取得了胜利。

那天之后，队员们再也没有见过他，原来，他已经去世了。

艾克知道自己活不了多长时间了，但他并没有消极地等待死亡，而是积极地生活。虽然他的生命非常短暂，但他把勇气、信仰与欢笑永远留在了所有认识他的人们心中。能做到这一点的人，你能说他的一生是失败的吗？

积极的心态，就像是营养剂一样，能让人精神焕发，激情澎湃。这样的状态能让从业者更多地吸引财富、成功、快乐和健康，而这些积极的因素又会给从业者补充更多的营养，从而让我们的状态始终处于一种良性的循环之中。

积极心态的动力来源

积极的心态并不是与生俱来的，只有有了足够的动力，才能积极地生活和工作。那么，我们的动力来自哪里呢？

1. 梦想和未来

你有没有想过这样一些问题：我最大的梦想是什么？我的未来是什么样的？如果你想过这些问题，并正在付诸实践，那么你的心态一定是积极的，因为你有了足够的动力。

一个名叫杰克的邮差每天徒步给村民们送信，风雨无阻。有一天，他在崎岖的山路上被一块石头绊倒了，他心里暗骂道：真是倒霉，走路还能摔倒。然后他抚摸着受伤的腿，勉强站了起来，准备再走。可是他发现那块石头样子十分奇特，捡了起来，左看右看，有些舍不得丢掉，于是就把它放进了自己的邮包里。

等他忙完一天的工作，回到村子里的时候，村民们看到他的邮包鼓鼓的，就问他："今天的信还剩这么多吗？"他笑着回答："不是信，是一块石头。"村民们感到很奇怪，就好意地劝他："你每天要走那么多的路，背着它，你不嫌累呀？"他却取出那块石头，炫耀着说："你们看，这是一块多么漂亮的石头呀，我要用这样的石头建很多漂亮的城堡。"村民们都笑了："这样的石头没有什么特别的，再说，你要是建城堡，得捡多少年的石头呀？"杰克笑着不说话。

从此，他每天在送信的途中寻找石头，每天总是带回一块。不久，他便收集了一大堆奇形怪状的石头，但建造城堡还远远不够。然后，他开始推着独轮车送信，只要发现中意的石头他都会往独轮车上装。

从此以后，他的日子便忙碌了许多，白天要送信、捡石头，晚上要设计自己的城堡。对于他的这种行为，所有人都感到不可思议，认为他的精神出了问题。面对别人的质疑，他总是一笑了之，继续自己的工作。

他不停地寻找石头，运输石头，堆积石头。20 多年后，在他偏僻的住处，出现了许多错落有致的城堡，有清真寺式的，有印度神教式的，有基督教式的……

2. 家人

有一位老母亲，她的女儿得了重病，瘫痪在床，吃喝拉撒都需要她照顾。很多人都劝她放弃，但她却坚信，女儿一定能康复。

从此，她每天都给女儿做按摩，并鼓励女儿一定会站起来的。十年如一日，她每天都重复这些动作，其中的辛苦只有自己能体会。也许上天被她的真诚感动了，她的女儿最终战胜了病魔，站了起来，并成为一名空姐。

别人都劝她放弃，她却坚持了10年，最终等到了奇迹的出现。母爱如此伟大，你是否也应该为了母亲而积极地工作呢？

产生消极心态的原因

积极的心态有其动力源泉，消极的心态同样有其产生的原因。

1. 没有目标

很多工作人员认为定制服务就是吃青春饭，干一天是一天，从来不想着给自己设定一个目标。没有目标，也就没有了努力的方向，每天的工作就成了机械式的，心态自然也就很消极了。

2. 害怕失败

有的工作人员很容易受到外界的影响，像墙头草一样风吹两边倒，而且害怕失败，在工作中缩手缩脚，有畏难情绪。

一天，很多青蛙相聚到一座山下。一只年长的青蛙说："咱们进行一次比赛吧。前面有一座高山，看看我们能不能爬到山顶，谁第一个冲到山顶，我们就奖励他。"

哨声一响，这些青蛙就拼命地往上爬。在爬的过程中，有三五只青蛙"啪"的一声掉了下来。一只老青蛙就沮丧地说："看来咱们今天这个比赛没太大意义了，谁也没法爬上去。"话音刚落，又一批青蛙掉了下来。正当大家都很失望的时候，只见一只小青蛙正奋力地往上爬，它跌倒了再爬起来，反复了无数次，最终爬到了山顶。

等这只小青蛙下来的时候，其他的青蛙都蜂拥而至，问它为何能够爬到山顶。原来这只小青蛙是个聋子，听不见别人在说什么，它只是按照自己的目标往上爬，奋勇向前，最终到达了山顶。

很多工作人员也像案例中的大多数青蛙一样，容易受外部因素的影响，轻易就放弃自己的目标，心态容易变得消极。如果一直以这种心态工作，只能永远做一个干体力活的工作人员，不可能成为一流的工作人员或者优秀的管理者。

3. 喜欢抱怨

有的工作人员出了问题总是喜欢从别人身上找原因，埋怨同事不配合，埋怨主管太苛刻，埋怨顾客太挑剔。总之，就是不说自己有问题。在这种心态的驱使下，他们在工作中就会变得越来越消极。

小王刚刚被提升为客房部的领班，他很想把员工带好，可是试了很多方法，效果仍不理想。当领导找他谈话的时候，他强调说："员工都不配合我，我说什么，他们都反着来，真是让人窝火；员工素质也挺差的，基本的礼仪都不懂，学什么都慢，还不主动，真是太难管了。"

领导就问他："你觉得自己有问题吗?"小王想了想："我觉得我做得还可以，都是按照公司的规定进行管理的。"领导无奈地摇了摇头："工作意味着责任，每个人都要对自己的工作负责，如果总是抱怨别人，自己就会永远在原地踏步。你要好好反思一下自己。"小王陷入了沉思中。

案例中的小王就是一个只会抱怨别人，而不从自身找原因的人，所以他总是做不好管理工作。尽管他是领班，但这个道理对服务员也是适用的。工作中出现了问题，先要从自身找原因，看看自己哪个环节没有做好，下次改正，只有这样才能取得进步。

4. 不相信自己

信心是一个人成功的关键，如果没有信心，就做不好任何事情。服务员的工作就是要天天与顾客打交道，如果没有信心，就很难与顾客进行愉快的交流，也就很难赢得顾客的信任。

小张刚参加工作，性格很内向，对自己很没有信心。一天，有客人要点菜，让她给推荐一下，她觉得自己刚来，对酒店的菜肴不是太熟悉，还是让有经验的服务员给推荐比较好。

于是她就对客人说："真对不起，我刚来这里，还不是太熟悉，我让老服务员给您推荐吧。"客人有点儿不高兴："做服务员，还不熟悉自己酒店的菜？让你推荐，还找理由。算了，我们自己看吧！"小张更紧张了，连连说："对不起！对不起！"

案例中的小张缺乏自信，就拿不熟悉酒店菜肴当借口，最终惹得客人不高兴。其实她可以结合客人的需求，给客人推荐几种她比较熟悉的菜，这样既能让客人满意，又能推销酒店的菜肴。

5. 好高骛远

有的工作人员好高骛远，认为自己能力很强，理应得到提拔。工作没多久，就想着当部门经理。如果没有当经理，就会变得消极起来。每个人都要根据自己的实际情况确定目标，目标不仅要具有一定的挑战性，还要具有可行性，不能脱离实际。

6. 不能坚持

定制服务是比较辛苦的，一线工作人员的工资也不高。所以，要想成为一名优秀的工作人员，不能仅凭三分钟的热度，而要坚持不懈。每天进步一点点，总有一天会成功的。

有两个刚毕业的大学生甲和乙，同时到一家酒店做客房部服务员。甲认真学习酒店的相关知识，还主动向老员工请教，没过多久就能熟练地接待客人了。领导认为这个小伙子很踏实，就不断地栽培他，让他去参加各种培训。

乙天天抱怨工作太累，做什么事情都不尽力，还总是推卸责任。干了一段时间后，认为工作没意思，就跳槽到另一家单位。但不久之后又认为在那家单位工作也没有意思，于是又换了一个工作。就这样，他不停地换工作，不停地折腾，像一个挖井的人，不停地换地方，可是始终找不到水。而甲在酒店里越干越好，很快就当上了客房部的领班。

案例中的甲是一个坚持不懈的人，踏踏实实地干好本职工作，最终取得了成功；乙则是一个只有三分钟热度的人，哪份工作都做不好，最后注定一无所获。要想做一流的服务人员，必须像甲那样一步一个脚印，一点一点进步。

20/80 法则

积极心态和消极心态对人们的影响不同，于是产生了 20/80 法则。

1. 20% 的富人，80% 的穷人

具有积极心态的人往往是富人，具有消极心态的人往往是穷人。富人占 20%，但掌握着世界上 80% 的财富；穷人占 80%，却只能掌握世界上 20% 的财富。工作人员也应该让自己成为具有积极心态的人，成为世界上那 20% 的富人。

2. 20% 的人用"脖子以上"赚钱，80% 的人用"脖子以下"赚钱

具有积极心态的人用"脖子以上"，即用思想、智慧去赚钱；而具有消

极心态的人用"脖子以下"，即用体力去赚钱。工作人员的工作离不开体力劳动，但专业的知识、优雅的礼仪、良好的沟通能力会给这份工作增色不少。工作人员应加强这些方面的学习，争取成为用"脖子以上"赚钱的人。

3. 20%的人积极思考问题，80%的人消极思考问题

具有积极心态的人积极思考问题，永远往好的方面想，始终想着如何取得成功；而具有消极心态的人，一受打击就往坏的方面想，一跌倒就再也爬不起来。

工作人员天天与顾客打交道，有些顾客很挑剔，甚至会投诉服务人员。这时候，具有积极心态的服务人员会认为自己应该好好提高业务能力，下次要做得更好；具有消极心态的服务人员则认为顾客是在故意找茬，以后工作的时候就更不用心了。

4. 20%的人买时间，80%的人卖时间

具有积极心态的人买时间，具有消极心态的人卖时间。具有积极心态的人会争取时间，每一天都过得很充实；而具有消极心态的人在卖时间，认为自己的时间很充裕，得过且过，消极怠工。工作人员应该为自己制订计划，利用好每一天的时间，一步步实现自己的目标。

5. 20%的人做事业，80%的人做事情

具有积极心态的人做事业，具有消极心态的人做事情。具有积极心态的

人很认真、很敬业；具有消极心态的人缺乏责任心和敬业精神。做事业的工作人员天天想着如何把工作做好，如何提高顾客的满意度，如何为酒店提高销售额。而做事情的工作人员则认为自己的工作就是端盘子，工作的目的也就是为了那点儿工资，干一天算一天。

6. 20%的人想我怎样才能有钱，80%的人想我要是有钱会怎样

具有积极心态的人总是想，我要怎么努力才会有钱，怎么努力才能成功；具有消极心态的人会想，我要是有钱，该做些什么。一个人不努力，只是一味地空想，永远也无法取得成功。工作人员不要天天想赚了大钱能干什么，而是要多想想怎么努力才能赚大钱。

7. 20%的人有目标，80%的人爱瞎想

具有积极心态的人拥有明确的目标，为了达到目标会全力以赴；具有消极心态的人总是幻想自己有一天会成功，但没有明确的目标。工作人员要为自己设定短期和长期目标。短期目标，例如这个月熟悉酒店的所有产品，或者掌握与顾客沟通的技巧。长期目标，例如一年后争取当上领班，两年后当上主管，等等。有了目标，才有动力，才能一步步地走向成功。

8. 20%的人放眼长远，80%的人在乎眼前

具有积极心态的人放眼长远，他们不会在乎眼前的一点小恩小惠，只在乎如何才能实现目标；具有消极心态的人在乎眼前，会为了一些蝇头小利而

忘记人生的大目标。工作人员的工作看起来不起眼，但优秀的管理者都是从基层干起的。不要过于看重眼前，要努力提高业务能力，争取有一天也成为优秀的管理者。

9. 20%的人重复做简单的事，80%的人不愿做简单的事

具有积极心态的人重复做简单的事，具有消极心态的人不愿做简单的事。但海尔集团的张瑞敏曾说过：不断地做平凡的事就是不平凡，天天做简单的事就是不简单。工作人员如果每天都能把简单的工作做好，最终就能成为一个不简单的服务人员。

★从业者具备较高的综合素质

企业的竞争，很大程度上取决于员工素质的高低。员工素质是指从业者从事某项事情（行为）所需具备的知识、技巧、品质以及工作的能力。

一个成功的企业背后，必定有一大批素质优秀、能力卓越、业绩突出的从业者；同样，一个人想在职业生涯中得到更好的发展，必须具有优秀的素质。优秀是一种境界，是一种永不停息的追求。优秀，永远都能让个人受益，让企业受益。那么如何提升从业者的素质呢？

以德立企，以德立人

1. 做品德高尚的人

素质的第一要素是德，一名优秀的从业者，首先应该是一名品德高尚的人。没有"德"的"才"，不算"人才"，是"鬼才"，是"奸才"，会给国家或社会带来危害。

高尚的品德比卓越的才华更可贵。对任何领域的工作人员而言，道德是获胜的首要因素，只有能力无法形成力量，将高尚的道德品质运用到实际行动中才能显出成效，"小胜靠智，大胜靠德"。所以我们要习惯于从生活小事提升自己的品德。做人要诚实、正直、助人为乐；做事要光明磊落，不要在背后搞小动作。

2. 爱岗敬业，忠于职守

爱岗敬业是一种职业态度，也是职业道德的崇高表现。一个没有敬业精神的人即使有能力也不会得到人们的接受和尊重，能力相对弱但具有敬业精神的人却能够找到自己发挥的舞台，并逐步实现自身的价值，最后更有可能发展成为广受尊重的人。

忠诚是最珍贵的情感和行为的付出。因为忠诚，从业者才能尽心尽力，尽职尽责；因为忠诚，才能同甘共苦，同心协力；因为忠诚，才能肝胆相照，患难与共。任何时候，忠诚永远是企业生存和发展的精神支柱，是企业的生存之本。

3. 遵守规章制度，服从命令

大到一个国家、军队，小到一个企业、部门，其成败很大程度上取决于是否完美地贯彻了服从的观念。一个企业，如果纪律松懈，从业者的斗志也会松懈，反之，如果纪律严明、赏罚有度，企业的凝聚力、战斗力就会油然而生。

4. 增强使命感，多提合理化建议

使命感是推动企业发展的动力。强烈的使命感可以改变一个企业并造就有才华的从业者。与企业同甘共苦、荣辱与共。抛开功利思想，承担更多的责任，积极参与企业管理，提出合理化建议，会让你出类拔萃，会让你更优秀。

5. 顾全大局，将企业利益放在第一位

一个人无论什么原因，只要失去了职业道德就失去了人们对他最根本的信任，不要为自己所获得的一点眼前利益沾沾自喜。

在任何一个企业，顾全大局、将组织利益放在第一位都是从业者生存的根基，大局观是衡量一个人是否具有良好职业道德的前提和基础。眼光要长远，不应只盯住工资，患得患失。一个人如果只为工资而工作，没有更高尚

的目标，那么他的人生是灰暗的。

事业上的成功者，往往并不是那些只为金钱而工作的人，而是那些有高尚目标的人，有高境界的人。

6. 要有忧患意识，关心企业发展

"国家兴亡，匹夫有责"；企业兴亡，员工有责。从业者必须关心企业的发展，心忧企业兴衰，与企业一同成长。

在激烈竞争的市场中，保持高度的危机意识是一个优秀从业者应具有的思想品质。从业者的忧患意识更能决定企业的成败荣衰，所以"唯有忧患意识，才能永远长存"。

业务精通，技能精湛

1. 业务能力强

业务精通、技能精湛，这是从业者在本岗位上应该达到的职业素质要求，也是企业发展的动力。无论你从事的是什么工作，不论你所在的岗位条件如何，只要你潜心钻研业务，坚持不懈地努力，就能达到专家的水准和境界，创造出一个又一个奇迹，也就能拥有持久的竞争优势。

2. 正确的工作态度

态度决定结果，良好的工作态度就是要有主人翁的心态：只要我在做，

我就要全力以赴。如果你能每天怀着一颗感恩的心去工作，你一定会收获更多。

从业者要想在职业生涯中有更大的发展，工作就要勤勤恳恳、一丝不苟。如果认为做别人不太愿意做的事就会吃亏，因而与其他人一样排斥这个工作，那你就和其他人一样，永远也不可能脱颖而出。在工作中只有做到辛勤、踏实、努力、负责、忍耐，才能成功。

想在工作中表现得更出色，办法只有一个，那就是积极主动、全力以赴地投入工作。一个合格的从业者不只是被动地等待别人告诉你应该做什么，而是应该主动去了解自己应该做什么，并且认真地规划它们，然后全力以赴地去完成。

做事不要做给领导看，更不要等别人来监督，要以一种真诚的态度对待工作，不敷衍了事。

3. 干一行，爱一行，精一行

不断学习，不断超越，工作要有热心和耐心。工作中没有小事，不要看不起平凡的工作，其实平凡中孕育着伟大。凡事需要一点一滴地做起，每天重复做好简单的事就是不简单；工作中要注意细节，成功取决于细节。

无论从事什么工作，都应该精通它，成为自己职业领域的专家。如果从业者是工作方面的行家里手，就能赢得良好的声誉，那么也就永远不会失业。

不怕艰辛，持之以恒

1. 不断做出贡献

公司为员工提供了就业、施展才华的平台，从业者必须为公司不断作出贡献。如果在工作的每一阶段，总能找出更有效率、更经济的办事方法，这就是贡献。

2. 养成准时的习惯

要摆脱懒惰与拖延的恶习，反对马马虎虎。时间就是金钱，效率就是生命。随着社会节奏不断加快，现代人的时间观念也越来越强。在市场竞争中，那些动作迟缓，办事效率低下的人，将无疑会被竞争大潮所淹没。成功做事的秘诀之一就是要养成准时的习惯。

今天的事今天完成，"日事日毕，日事日清"。现代企业竞争不是"大鱼吃小鱼"，而是"快鱼吃慢鱼"。先发制人，以快制慢，谁先占领了市场谁就有主动权。

3. 营造整洁的工作环境

工作中保持良好的习惯可以取得高效率，要想养成良好的习惯，首先就应使从业者的办公室、车间保持整洁、有序的状态。

4. 永不满足，不断进取

当从业者成为某岗位的员工时，最需要做到的便是：从胜任到优秀。只有不怕艰苦，永不满足，才能不断进取，不断提高，成为优秀的员工。

★ 持续不断的敬业精神

敬业，就是敬重自己所从事的职业，专心致志、千方百计将从事的职业做好。是否敬业，既反映了从业者对待工作的态度，也决定了其工作效率的高低和工作成效的好坏。

宋朝朱熹曾说过，"敬业"就是"专心致志以事其业"。即用一种恭敬严肃的态度对侍自已的工作，忠于职守，兢兢业业，任劳任怨，认真负责。所以，敬业是从业者最宝贵的品质，具备敬业精神的员工才是老板最想聘用的员工。

当下，很多管理者为自己的员工没有足够的敬业精神而伤透脑筋，人力资源管理部门也时刻想着怎样消除员工"做一天和尚敲一天钟"的消极思想。由于多方面的原因，在任何地方，任何时候，总会有一些人有"损人利己"的行为，总有一些人会跟不上企业的发展而落伍。

惰性、逃避责任等都是人性的弱点，因此企业应该将合法利己作为主流价值并予以大力提倡和鼓励，在一个希望获得可持续发展的企业内，从业者如果不具备敬业精神或职业道德，是很不利于企业健康发展的。

从业者的敬业度，反映了员工对公司投入的智慧、感情和承诺的程度。让我们来看看，当一个员工有什么样的表现时，我们可以说他是敬业的？

1. 乐于宣传

表现一：从业者一如既往地向同事、潜在同事，尤其是向客户（现有客户及潜在客户）盛赞自己所在的企业。

从业者会主动与他周围的求职者、亲人、朋友、同事谈及公司，并高度赞扬公司。这一点是好多员工缺乏的，一般员工在就职后与亲朋好友聊起企业时多夹杂抱怨，很少有员工对企业高度赞扬，反映的是员工对于公司的喜爱程度。

过去消费者听媒体的声音，听权威的声音，听专家的声音，但今天的消费者是不一样的，他希望跟服务人员对话，跟商品对话，跟服务人员的服务对话，他希望是互动，而不是只是听服务人员单向地传播给他。更重要的是，消费者可以评论、评价服务人员的服务和商品，而且迅速地散播在网络上面，然后去影响别人对服务人员的看法。从业者要时刻宣传自己，宣传企业，宣传企业产品，扩大知名度。

2. 乐于留任

表现二：员工强烈希望留在企业当中。

从业者强烈希望成为公司的一员，愿意留在公司，为公司服务。

随着年龄的增大，从业者的敬业度整体是呈上升趋势。带动敬业度提高的主要因素是员工留任意愿，敬业度强的员工对企业的归属感也很强，使他们爱岗敬业的同时还能保持努力工作的状态。

在西方，詹姆斯·H. 罗宾斯在其论著《敬业》中写道："我们欣赏那些对工作满腔热情的人，欣赏那些将工作中的奋斗、拼搏看作人生的快乐和荣耀的人。"能够有这样的环境和心态去营造那颗留恋的心，是很重要的。

3. 乐于努力

表现三：员工付出额外的努力并致力于那些能够促成经营成功的工作。

员工会全身心投入工作，为工作付出极大的努力，甚至是加班加点地工作。

有些从业者很讨厌加班，很多时候都是对本职工作产生不了兴趣，对努力的概念仅限于概念。努力的目的，就在于战胜阻力，从而解决困难或达到一个既定目标。一旦战胜困难，自豪感会在员工心中油然而生——这并不是一件简单的事情，但我做到了！在这个过程中，他将获得更多自主和自信。

无论是"种子"还是"土壤"，最关键的是"乐于"。从业者敬业是一种发自内心的、心甘情愿的、积极主动的表现，组织最重要的责任之一就是为员工敬业提供丰饶的"土壤"，实现组织与员工个人的共赢。

★以客户为中心的责任感

从业者责任感是指员工对自己在企业中所承担的责任、义务的高度自觉，表现为对本职工作尽职尽责，充分发挥自己的积极性、主动性、创造性。在定制服务中，从业者的责任感越来越受到客户的重视。一个公司老板曾经跟我讲过这样的故事：

有个人到他们公司应聘，经过交谈，他觉得那个人并不适合他们公司的工作。因此，他很客气地和那个人道别。

那个人从椅子上站起来的时候，手指不小心被椅子上冒出来的钉子划了一下。那人顺手拿起老板桌子上的锤子，把冒出来的钉子砸了进去，然后和老板道别。

就在这一刻，老板突然改变主意，他留下了这个人。

事后，这位老板说："我知道在业务上他也许未必适合本公司，但他的责任心的确令我欣赏。我相信把公司交给这样的人我会很放心。"

责任心是一种习惯性行为，也是一种很重要的素质，是成为一个优秀的人所必需的。

责任心对于一个人来说是极其重要的。梁启超曾说过："凡属我应该做的事，而且力量能够做到的，我对于这件事便有了责任，凡属于我自己打主意要做的一件事，便是现在的自己和将来的自己立了一种契约，便是自己对于自己加一层责任。"我们每一位员工也应该具有这样的责任心，我们的分内之事，我们就必须做好，公司的目标也要我们共同努力而达到。

从业者是企业的生产者，产品是经他们之手制造出来的，如何运用这些"手"来为企业创造更大的价值？那就要提高从业者的责任心。

1. 情感维系

企业要与大客户之间建立起一种牢固的联系，这种联系除了业务方面还有情感因素，包括以下几个方面：

（1）建立客户资料库。比如大客户的品性、购物习惯、个性爱好、作风、重要日期记录等。一位优秀的业务员在介绍自己的成功经验时说："我有一个很大的记事本，里面密密麻麻地记满了客户的生日、重要纪念日等，到了特定的日子，我就送去鲜花和蛋糕，客人收到礼物后一般都会很感动。"

（2）制定对大客户进行关系维持的具体措施。如定期与大客户交流，根据大客户档案投其所好等；成立客户俱乐部为成为会员的大客户提供各种特制服务，通过客户俱乐部的系列活动，加强大客户和企业的联系，培养大客户对企业的忠诚，如新产品推广、优先销售和优惠价格等。

（3）建立客户的情报反馈系统。应建立客户反馈系统，随时了解客户的需求，并根据客户的需求对产品或服务做相应的调整。

（4）定制化销售。根据大客户不同的情况，和每个大客户一起设计销售方案，按他们的特殊要求提供相应的产品。定制化销售有利于建立企业和客户间的长期联系，因为产品或服务的提供是一对一的。每个客户都有不同的情况，如区域的不同、经营策略的差别、销售条件的差别等，根据他们具体情况设计的产品和服务不仅更具针对性，还能使客户感受到他是被高度重视的。

2. 提高大客户的转移成本

在与企业的交往中，大客户通常会发现：如果想要更换品牌或供应商，会受到转移成本和只能从现在的供方获得的延迟利益的限制。企业构建转移壁垒，使大客户在更换品牌和供应商时感到转移成本太高，原来所获得的利益会因为转换品牌或供应商而流失。这是一个加强大客户忠诚度的好办法。那么，具体该怎么操作呢？

具体说来，常用的方法有：

方法	说明
利用契约关系锁定客户	很多公司使用契约，客户与公司之间的结构性联系使客户很难改变供应商。客户之所以被锁定，是因为如果打破这种状态，成本将得不到补偿
频数营销	紧紧拉住客户，鼓励客户的重复购买行为。比如，只要客户不断重复购买或只和这一家公司来往，客户就可以得到奖赏，包括优惠、额外产品和服务等
捆绑式销售	客户在一家供应商购买所有的产品，可以享受整体费用优惠，实现买卖双方的效益双赢

3. 实施差异化

服务公司必须拥有详细的大客户资料，对客户的分布、消费量、大客户的消费特点以及他们对企业的贡献等都要有清晰的把握。此外，还要对企业价值的主要贡献者、高端客户都有清晰、明确的界定，并按一定的标准进行细分，对不同的细分对象采取不同的服务和营销策略，提供大客户差异化服务，从而获得企业利益的最大化。

进一步细分市场的目的，就是为具有不同价值的客户提供相应等级的服务，从而有效地分配服务资源，为争取和留住价值较大的客户创造条件。

由于同一行业的企业对某项需求的背景有相似性，所以按行业进行细分市场并进行专业化服务还有降低成本的作用。

4. 建立客户档案

实现动态管理，建立大客户档案，推行大客户营销责任制，实施大客户规范化服务，在巩固原有客户的基础上开发新的大客户群体，能使市场不断发展壮大，提高市场占有率，制定信息反馈制度，实施动态管理。

大客户档案的内容主要包含：客户基本信息、扩展信息、相关重要人士个人信息和竞争者的基础信息四大类。同时，对大客户档案应每个月都进行更新，定期分析，必须将大客户变更信息及分析情况及时、准确且完整地与营销结合起来，建立起比较完整的大客户档案。

总之，由于大客户在企业客户中占有较高的价值比重，影响力比较大，企业应以大客户为中心，采取项目组或者团队的形式为大客户提供增值、个性化的服务，提高大客户的满意度和忠诚度，培育良好的大客户关系，通过大客户营销战略来提升企业的营销效率和效益。

5. 直面投诉，超凡服务

客户投诉与客户服务是大客户销售中的两大话题，处理客户投诉也是客户服务中的一项重要内容。抓好客户服务，就能够有效减少甚至杜绝客户投诉；反之，则会增加投诉。客户投诉主要表现在经营服务方面，客户投诉与客户服务总是相辅相成、形影不离的，其结果与服务质量成反比。

客户服务既是销售的基础工作，更是销售管理的重点内容。市场的争夺不仅体现在品牌、价格、人才上，更重要的是在服务意识的竞争上。良好的客户服务意识是市场经济的必然要求，也是塑造品牌的关键因素，更是提高企业核心竞争力的有效途径。

市场经济发展到今天，可以说，谁赢得客户的满意，谁就能在市场竞争中占得先机。别具一格的良好服务不仅会给企业带来众多的顾客、广阔的市场和可观的利润，还在树立企业形象、建立产品信誉上发挥着重要的作用。因此，提高服务质量、强化服务意识，是每一个企业必须做好的工作。

第六章：定制服务存在误区

★定制服务成本一定很高

专用裁缝的传说被无数女人用艳羡的口吻一次次提及，随着时间的推移衍生出了"成衣定制"，如今成为新贵阶层私享生活最重要的标签之一。

当然，除了这些顶级的私人定制外，一些奢侈品品牌也推出了较为大众化的定制服务，其价格略高于普通奢侈品。以英国男装品牌 Alfred Dunhill 为例。

我国的顾客可以通过预约，在中国香港或是上海与其制衣大师会面，他们除了为顾客量取全方位的制衣尺寸，还将深入了解顾客的生活方式以及顾客对服装的要求，例如是否需要考虑气候因素、口袋功能以及确定服装用于日常穿着还是用于特殊场合等。他们还将帮助顾客选择版型——单排扣还是双排扣，两件套、三件套还是单独的西装上衣、裤子、衬衫或外套，还会就服装风格、翻领宽度、扣子样式以及衬里的色彩和质地提出建议。

在我国量体并确定面料、版型后，将送回英国总部制作，六周之后顾客将看到定制服装的"假缝"版本，即半成品服装，进一步试穿、修改和调整，之后再过六周顾客会拿到完成的服装。Alfred Dunhill方面相关人员对记者表示，Alfred Dunhill普通套西价格17000元人民币起，高级定制价格一般为普通套西的120%起，另外手工加工的面料西装一般从48000元人民币起价。

当然，并不一定每个定制都那么昂贵。

案例一：

张先生是位手机达人，日常机不离手，对手机流量需求非常大。张先生以前用的是固定套餐，每月消费将近150元，可是套餐不含短信，每月的流量不够用，语音又用不完，每到月底他都刻意少用手机上网，避免流量超支。移动推出4G之初，他一直心里痒痒的，跃跃欲试，但却总觉得4G资费贵，生怕用上飞快的4G网络后HOLD不住自己的手机流量。

近期，他听说移动公司推出了新的4G资费，便专门跑到移动营业厅了解资费情况。根据工作人员介绍，他果断补换了4G - USIM卡，换了4G自选套餐，根据需要搭配适合自己的套餐，选定每月1G流量、300分钟语音、200条短信，刚好够用，费用却只有118元，比之前的资费省了32元呢！这样的选择，不仅能给张先生节省费用，而且还能让他用上极速的4G网络，网页秒开、下载不卡壳，酷爽的体验让张先生瞬间找到"高大上"的感觉。

工作人员说，自 2014 年 6 月 1 日起，中国移动新的 4G 资费标准正式生效，流量单价最高降幅 50％，超套餐流量降至 0.29 元/MB。

以前怕流量用不完被当月清零，现在推出了季度包、半年包，吃不完的"流量鸡腿"可以打包慢慢享用，月底不清零，这月用不完，下月接着用！移动还推出流量加油包，只要 10 元，即可添加 100M 流量，每月无限量添加，随时补充随时用，手机达人一族就不怕套餐流量超标了。

移动工作人员针对不同的客户群体，推出不同的 4G 资费，可以让更多市民节省话费，选择适合自己的资费套餐。针对流量多、通话多、漫游多的客户，可以选择 4G 上网套餐、4G 商旅套餐和 4G 飞享套餐，通话和流量都有更多的优惠，而且流量是在 2G、3G、4G 网络下均可使用，追韩剧、看世界杯……爱怎么玩就怎么玩！

案例二：

结婚是人生中极具重要意义的一件事，青年人又恰逢风华正茂的年纪，怎能放弃拍摄婚纱照这样的重头戏呢？小妮一语道出了很多"新人"的心声。

为了让婚纱照拍出个性、避免千篇一律，小妮想了不少办法。她走访了薇薇新娘、八月照相馆等多家婚纱影楼，感觉都不理想。这些影楼大多依赖室内影棚，给新娘新郎来个浓妆艳抹，完全没有个性。最后，她决定"私人定制"：约几个爱好摄影的朋友，租两套婚纱，背上相机，自己组织了一场婚纱摄影。

至于婚纱照的拍摄地点，小妮和先生选在杭州西湖、西溪湿地等热门景点。小妮说："西湖是我和先生第一次见面的地方，在那儿取景，不仅颇有纪念意义，而且重新置身熟悉的环境，我们的表现更为自然和真实。"

自己拍婚纱照，几天下来，虽然有点辛苦，但小妮觉得很有意义，也很省钱。她说："到一家稍好的影楼，拍一套像样的婚纱照，动辄上万元。而我在朋友的帮助下，自己拍婚纱照，前前后后花费不到3000元。"

最让小妮满意的是，这套充满个性且具有写实风格的婚纱照，完整记录了自己和老公相识、相知、相爱的整个过程。在拍婚纱照的过程中，两人还共同回顾了过去的浪漫岁月，感情也随之加深了。

由此可见，认为定制服务的成本一定很高的观点是有失偏颇的！

★ 定制服务流程太烦琐

定制服务很简单！

珠宝定制流程

相比在各品牌珠宝店或珠宝商店里看到的量产珠宝首饰，私人定制珠宝在兼具款式与工艺美的基础之上，还深刻地打上了个人风格的烙印，不可复制，不与其他珠宝雷同，而要做到这一点，流程并不复杂。

首先，选好主石。一般情况下，客户是因为遇到了一颗令人心动的裸石，一颗晶莹澄澈的钻石，或是一颗圆润温婉的珍珠，于是萌生了定制念头，珠宝鉴定师要为其检测并挑选出优质的宝石。

其次，跟客户沟通。设计师要根据客户的喜好、气质和审美品位勾勒出设计雏形，经过一场反复沟通、调整的拉锯战，这件珠宝会逐渐演变出你最想要、最适合客户的样子，并跃然纸上。这常常也是让客户最感动的时刻，因为客户心中无以名状的情感"啪"的一声在设计师的笔尖盛放出具体的形态。

最后，将设计稿交给工艺精湛的好工匠，将这枚独一无二的珠宝从纸上摘下，真实地呈现在客户眼前。

旅游定制流程

定制旅游服务，通常要经历这样一个流程：

1. 选择项目

定制游不提供景点、午餐和特色自选的单项服务，如有需要必须和导游一起预订；其他项目（如酒店、用车、导游）客户可以根据需求任意选择单项或多项预订。

2. 提交行程

选择项目后，可提交项目网上预订：请客户最晚在出发前一天下午七点前提交订单。如有特殊情况，可以电话咨询、预订。

3. 协商确认

客户在网上提交订单后，工作人员会在一小时内与其电话联系，共同商定出行的具体事宜。行程确认后，行程的具体安排及费用明细，以客户下订单时选定的确认方式发送给客户。

4. 付款

客户的行程确定后，请其按以下几种方式付款：网上支付、信用卡电话支付、借记卡电话支付、汇款。出行途中，如果临时增加或减少项目，要以实际发生的费用与客户最终结算，多退少补。

5. 出行通知

行程确认后，旅游公司将具体安排行程，以客户下订单时选定的确认方式发送给客户。

6. 开心出游

旅游顾问将全程跟踪服务，保证客户旅途愉快！

7. 归来回访

旅行结束后，工作人员会致电询问客户对所提供的服务是否满意，欢迎客户提出宝贵的意见和建议，同时也欢迎客户在网上对获得的服务进行点评。

服装定制流程

私人定制的主角就是顾客，为某个人量身定做衣服的时候，一定需要大量的沟通。设计师除了会仔细观察这位顾客的身材等种种细节，还会询问顾客的职业、个人喜好，平时的穿着搭配习惯以及穿着服装的场合等问题。

在听完了顾客的想法后，设计师会向其推荐一些适合的款式和面料，并根据体形和肤色确定衣服的颜色及花纹。当顾客描述自己想要的衣服款式时，设计师会根据要求当场画出来，基本上当顾客描述完，并在一些细节进行改动之后，一件令人满意的新设计就诞生了。

接下来就进入了量体环节。这一整套程序完成后，公司将设计和顾客尺寸交给打板师，私人定制服装便正式开始制作了。

有些面料需要从国外进口，等待时间会多几天，但是基本为 7～10 天，顾客就可以来店里试穿定制服了。如果是男士的西装，顾客第二次到店就可以试穿到定制服的半成品了。因为男士西装本来就有非常固定的款式，除了穿到身上后稍微的尺寸调整，并不需要进行大的改动，因此在这次试穿完后，顾客第三次便可以直接到店将定制服取走了。但是女士服装又有所不同。女士服装花样繁多，即使是西装，也没有固定的款式，再加上女性"善变"，服装需要改动的地方往往比较多。为了节省成本，女性顾客第二次到店试穿的不是定制服的半成品，而是用替代面料制成的样衣，这样就可以在样衣上进行较大幅度的改动。

除了面料不同，样衣的所有细节都与最后的成品完全一致，这样，女士服装比男性服装要多出一道工序，女性顾客第三次来到店中才可以试穿半成品。

私人定制：网购家具妙招

足不出户网购家具已经成为一种时尚，但是，如何才能买得好，减少后续的麻烦确实也是一门学问。一般，定制家具的网购流程包括：免费上门量尺—免费全屋设计—免费出 3D 家具效果图—免费送货安装—免费五年保修、终身维护等。

1. 确定家具款式和风格

首先要满足家庭成员的日常生活起居需要。在选择定制家具时，客户会根据家庭成员的数量和情况来确定产品的种类和大小。如果房子面积有限，但住户略多，定制家具时要让他们以节省空间为主，选择衣柜、橱柜等产品时在造型上应该尽量简单点，体量也要相对小些。

要让客户对自己的房子所要定制的家具列一份清单，结合房子的结构、风格、大小等来确定家具的大概形状，用草图代替前期家具设计的图纸，比如定制衣柜的款式是移门的，还是掩门的；是金属材质的，还是实木材质的；是欧式的，还是地中海式的。

消费者要对自己的家具有个大概的把握，想要的形状大小、款式风格有大概的款式模型，让之后的家具定制工作更简单。

2. 规范量尺

有了定制家具的大致模型与形状，设计师就知道家里哪里要定制家具，定制家具多大多高，定制家具的方位，摆放位置，才能对该摆放的地方进行精准的量尺。有了前面的形状，确定好的位置，这样才不会让家具的尺寸有较大的变化，才能够让报出的尺寸比较精准，做出来的家具才能放得下。

一定要符合规范，不要太突出，也不要太小不够放等。所以说前期的家具模型预想对量尺很重要，必须报以精准的尺寸才能定制符合自己的家具。

3. 选好家具厂家

在网上，各种各样的家具网站，各种各样的服务模式，让人眼花缭乱，无所适从，定制家具者应该总是持着谨慎的态度，货比三家，制定合理预算，选好合适的厂家。

4. 产品收货检验

厂家定制好了，交了订金下订单了，就等定制家具产品生产发货至客户家了。有的网上定制式包括免费货运、免费上门安装的服务，也可以帮客户省下不少麻烦，毕竟大件而又复杂的家具组装起来还是有点难度的。

一般快递公司都是发货到客户家门口,提货的时候,要让客户注意家具的外包装是否印有厂家标志,是否有破损的情况,如果发现有破损的话,一定要要求快递员拆开验收,务必打开外包装看清楚家具是否有损坏;查看的同时也要用相机把证据留下。这样才能充分保障客户的合法权益,也能使产品和服务得到客户的信任!

5. 保修服务

产品都会附带有产品说明书、保修单、质量合格保证书等,一定要叮嘱客户检查并收好相关证明,以备日后的维护使用。假如使用过程中发现什么问题,要依据保修单上面的电话,致电到厂商那边,询问厂商解决办法;如需更换的,要及时。

★ 定制服务只适合小众

定制服务只适合高端人群,只适合小众?错!定制服务面向大众!

前几年,消费高级定制的主要是一些身材比较特殊的客人,或是应某些特殊场合的需要,比如去听音乐会、参加婚礼、主持会议等。随着这几年收入的增加以及消费意识的变化,如今哪怕是平日上班或度假,一些人也愿意高价去定制一套合意的服装。

在金宝汇购物中心，能提供定制的品牌很多，男装有克莱利亚尼、KITON（意大利），皮鞋有 ARTIOLI（意大利）、LUDWIG REITER（奥地利）、英国皇室青睐的男鞋 BARKER；女装有 TANYA（中国）；珠宝有 SHANG 珠宝；家居有 Francesco Molon（意大利纯手工家居）。

在金融街购物中心，也有杰尼亚、明氏家具等品牌为客户提供相关定制服务。定制服务正在消费领域逐渐流行开来，不仅是在高端购物场所，就是在一些中端购物场所，也能找到。此外，越来越多的品牌也推出了自己的定制服务。

比如，Burberry 开始面向全球推出了 London 系列男士裁制服饰。Burberry 全球有 50 家店铺将率先提供此服务，其中包括十家中国店铺。该服务有望逐渐覆盖 Burberry 全球所有销售 London 系列的店铺。此次裁制服饰中，Burberry 主要提供三种款式版型：修身款、摩登款和经典款。每家店铺均配备了两本面料手册，有多达 38 种精良面料和不同颜色可供客人搭配与组合，能满足各种场合下的着装需求。专业的 Tailoring 顾问将为客人提供整身的造型服务，打造独一无二的专属衣橱。

伴随互联网技术革命，全球范围迎来了定制的后期发展，未来的个性定制将围绕感官体验展开，主要形式以消费者的互动参与为主导，个性定制将不再是少数人的特权，而是面向大众的、一种生活方式的定制，这种生活方式的个性定制关乎人们衣食住行的各个领域，并且将占据越来越重要的位置。

庄吉集团是一家无区域服装服饰企业集团，组建于 1996 年。现有成员企业12家，员工2000多人；在全国大中城市建成有400余家成员加盟的特许经营、连锁专卖网络。主导产品"JUDGER庄吉"牌西服及高级成衣定位于中高档消费群体，荣膺中国驰名商标、中国名牌产品和国家免检产品等荣誉；同时生产经营女装、休闲装、衬衫、领带、皮鞋等系列服饰产品。

庄吉董事长陈敏说："发展男装高级定制，很大程度上对于品牌来说具有价值提升的作用，是品牌实力和美誉度的象征。庄吉服饰从事男士西装的生产加工已经有十多年的历史了，期间针对特殊客户的需求，庄吉服饰也一直在做着量体裁衣的业务。"

在同质化竞争越来越严重，服装企业库存问题日益突出，消费者的需求又日趋多样化的今天，作为传统男装企业的庄吉必须寻找新的突破口。西服定制将逐渐成为庄吉的核心，而传统的成衣销售则会不断减少。

对庄吉婚坊而言，准新郎是很重要的客户源。随着"80后"整体步入结婚高潮期，新郎礼服成了刚需，而年轻人对服装的个性化需求使得传统的礼服已经不能满足他们体现自我意识的需要。可以说是大众消费者需求的转变催生了礼服定制产业的规模化经营。

据悉，庄吉男装提供的定制服装是面向大众消费者的"大众定制"，它的价格与传统成衣价格差别不大，定制店甚至可以开到县级城市，有着极其庞大的市场空间。

由此可见，说定制服务仅仅适合小众是错误的！

★ 定制服务就是"一对一"服务

私人定制模式是指利用 O2O 工具（第三方 O2O 平台、自有 APP 等）建立起品牌商与消费者之间的长期联系和无缝沟通。企业充分利用国内微信、微淘等移动 APP 大入口的便利优势，结合自身的服务、体验，进行融合式的创新，为用户提供个性化的服务和体验创新。

一方面品牌商可以基于消费者过去的消费记录向其单独推送商品和优惠信息，另一方面消费者也可以主动向品牌商提出自己的个性化需求（预约试穿、送货上门等），品牌商会有专人为其提供一对一服务，满足消费者对服装品牌的"私人定制"。

定制服务案例分析该模式由绫致时装公司首创，目前也在积极实践中，绫致旗下品牌有杰克琼斯和 ONLY 等，依靠一对一的导购来提升销售额，其导购服务和试穿服务相对优衣库来说更加关键，如何利用移动 O2O 将线上的便利性和线下的一对一导购、试穿融合，是 O2O 模式成功的关键。

绫致的 O2O 主要体现在与腾讯微生活的战略合作上，目前企业利用微信的公众账户＋微购物平台做入口，暂时只有品牌营销、新品宣传、手机购物等功能，正在测试跟导购的一对一融合，实现在线导购、预约试衣等功能。用户到店之后，导购人员会根据用户的需求进行服装推荐和精准度更高的导购，这种"私人定制"的导购可以让用户提前筛选服装，节省用户的时间，门店导购可以提前安排，比如选定服装款式提前准备好，导购人员还可以根据用户的特殊需求做服装的个性化推荐。

但是，消费者的需求个性须具有一定的规律性。从理论上讲，服务定制化完全可以做到针对每个消费者的具体需求设计出一套营销方案，即"一对一营销"。但在实践中，受限于成本和技术手段的因素，这往往不太可能实现。因此，这些消费者的需求必须具有某种程度上的共性，企业可以把它们划分为一些类别。这样，服务营销者才可能对这些类别的个性需求进行服务定制。

作为高端奶制品，特仑苏秉持高品质、专属关怀的基调，在2014年春节推出了定制礼盒包装，这绝不仅仅是包装上的花哨，而且蕴含着深刻的洞察：专属节日与礼盒的仪式感；来自专属定制的独占性；可一对一进行私人定制的接触感，都让特仑苏产品自身充满了社会化的元素。

当特仑苏决定与北京卫视《私人订制》电视真人秀节目合作，其社会化媒体服务公司时趣（Social Touch）就提出了将微信、微视和电视平台联合，把电视节目延伸到微信，用微信互动反哺电视节目的思路，通过开辟消费者与节目直接沟通的渠道，将这场社会化私人定制的三个成功关键贯彻始终。

第七章：定制服务案例分析

★宝马汽车定制服务——BMW专属定制

我国高档汽车市场经过十余年的发展，正逐步成熟、壮大。客户需求的多样化趋势日渐明显。这种多样化不仅体现在车型的需求上，也渗透到同一车型的差异化配置上。因此，宝马在将全系列车型及时引入我国市场的同时，开展"BMW灵活定制"销售服务。

2009年6月，宝马中国宣布，开始在中国大陆推出"BMW灵活定制"新车销售服务。客户可在宝马全国任一授权经销商处，通过"BMW灵活定制"，在目前我国销售的标准配置车型之上，选择个性化选装配置，定制一款更加个性的专属BMW座驾。

在现阶段，适用"BMW灵活定制"的车型包括全新BMW1系运动型两厢轿车、BMW3系双门轿跑车、BMW3系敞篷轿跑车、BMW550i、BMW6系双门轿跑车、BMW6系敞篷轿跑车、BMWM3、BMWX3、BMWX5以及创新BMWX6全能轿跑车。随着市场反应和运作管理的进一步完善，"BMW灵活定制"将逐步扩展到BMW在中国大陆市场的全部车型。

在宝马授权经销商处，客户可以看到不同车型的个性选装配置菜单，并根据自己的需求从外观到内饰，从驾驶动态到舒适功能，定制自己的爱车。宝马工厂则根据客户的个人订单进行生产，客户即可以拥有一款纯正的，体现个人风格的专属BMW座驾。

平常我们接触到的现车销售往往是汽车生产厂家生产出固定配置的车型，客户就在这些有限的车型中做出自己的选择，且车辆的价格配置均已确定，不可更改。宝马5系Li专属定制服务推出后，客户可以根据自己的需求及预算，在厂家提供的安装清单内自助选择组合，实现最优化的配置加装。与此同时，华晨宝马也可以通过专属定制服务，把握市场及客户消费习惯的变化趋势，有助于厂商日后推出更为符合客户需求的产品。

专属定制阶段：第一阶段——自2013年5月起，华晨宝马在我国市场正式启动BMW专属定制服务，并首先应用于BMW5系车型，通过这项服务，消费者可以随意选择符合自己需求的配置。第二阶段——预计2015年8~9月，华晨宝马还会启动3系、3系Li和宝马X1的专属定制业务。

专业定制配置选择项：专属梦想豪华座驾的专属配置，包括手机音乐播放扩展功能及BMW应用、车道偏离警告系统、高保真音响系统、后行李箱盖自动控制、后窗（后侧窗）电动遮阳帘、具有自动防眩功能的内部后视镜、后排座椅加热功能、带停车起步功能的主动巡航控制系统等，配置选择项中有外观件，也有能提升车辆性能和实用性功能的配置。

2013 款 BMW5 系 Li 引入了基于互联网和移动通信的车型，将最新的 BMW 互联驾驶科技与第三代 iDrive 系统完美结合。新款 BMW5 系 Li 所实现的互联驾驶应用，功能更强大，服务更丰富，令用户商务出行保持信息更新不间断；测试工作确保了宝马 5 系的纯粹运动感觉和安全。

在舒适方面，还可选置高级四区自动空调。后行李箱盖自动控制也是原用于顶配车型的便利配置，现在全系车型都可以拥有，实现后行李箱盖一键开启、关闭，也可使用遥控钥匙操作，关闭时更安静。还有诸多配置可供购车者畅意选择。

1. 洞悉豪华消费趋势，定制凸显专属个性

随着生活品质的日益提高，人们对个人风格的表达方式越来越多，个性化需求带动了定制需求的提高，让定制成为豪华消费的一种趋势。体现在豪华商务轿车领域，传统的购车模式只能提供给客户类似套餐式的选择，满足客户基本的要求。随着消费者需求的不断提升，高端商务人士期望爱车能够更加具备个人风格，同时满足自身的需求。

BMW 专属定制服务正是遵循这一豪华消费趋势，打破传统的车型配置概念，让购车者从"选你所有"升级成"定我所需"。作为豪华商务轿车市场的领军车型，BMW5 系将通过专属定制服务更好地满足高端商务人士的个性化需求。BMW 在推出专属定制前进行了充分的调研，调查结果显示，现有 5

系长轴距车主中，有超过 2/3 的客户对配置和功能有更进一步的需求，他们表示愿意为自己的爱车增加实用的功能和配置。

2. 构建梦想座驾，轻松自主选择

BMW 专属定制的购车流程非常简单，5 系客户能轻松定制自己的梦想座驾，享受到更高的尊贵体验。BMW5 系 Li 拥有 8 款车型，客户在选定目标车型后，只需要在专属定制清单上依照自己的需求勾选相应的配置，完成车型的订单，就可以拥有一辆"量身定制"的 BMW5 系 Li。

例如，选择了 BMW525Li 豪华型的客户，如果对安全科技有更高的要求，现在可以在专属定制清单上选取主动巡航控制系统和自适应随动控制大灯这两项配置，这些配置原来只在顶配的 BMW535Li 行政型上才有装备。与此同时，如果客户是一名音乐发烧友，可以定制一套极炫的 Harman/Kardon 专业级高保真音响系统，让自己在驾乘之余享受美妙的音乐之旅。

3. 定制选项高端丰富，提升愉悦体验

BMW 专属定制清单包含十几项高端配置，涵盖了商务、娱乐、安全等多方位需求，未来会根据客户的需求不断丰富和扩充。例如，在安全方面可定制自适应随动大灯，带有慢速大弯角辅助照明和大灯自适应光程控制功能，当车速低于 35 公里/小时进行转弯，转弯侧的辅助照明灯会自动照亮离车较近的盲区，或者依据车速启用光束分布较宽的城市照明模式，或切换至光束分布较远的高速模式。多种光程让驾驶者在转弯和会车时更加安心，带来了

更好的夜间行驶的安全性。

在娱乐方面，Harman/Kardon 高保真音响系统从 BMW520Li 入门款型起就可以定制，它特别根据 5 系长轴距的宽大车舱而调校，采用 5.2 声道扬声器系统，12 个扬声器，205W 功率输出，并使用高保真级数字功率放大器，具备按照车厢空间特殊调校的均衡器，能够保障行车中的高保真声音品质。手机音乐播放扩展功能和 BMW 应用也可以通过 iDrive 系统轻松实现。

专属定制服务的突出体现了华晨宝马汽车工厂灵活、现代的生产水平与产品管理水平。随着生产弹性的进一步提升，BMW3 系、3 系 Li 和 BMWX1 也将于今年内陆续提供专属定制服务，华晨宝马的全线产品都将在豪华个性化方面为客户提供更加满意的服务。

★打造一部属于自己的个性手机——Moto Maker

Moto Maker 是摩托罗拉在发布 Moto X 之后推出的手机定制服务，用户在摩托罗拉官网可通过这项服务定制自己的 Moto X 外观、容量、签名、配件以及选择运营商，通过该网站定制一款属于自己的个性化 Moto X 手机。

Moto Maker 提供了 18 种后盖颜色、2 种前板色以及 7 种强调色，顾客可以根据自己的喜好自由搭配手机颜色。同时你还可以选择内存、壁纸、配件的型号和颜色，甚至还可以使自己的名字显示在开机画面上。在设计完毕并下完订单后，手机会由工厂直接寄到购买者手中。

在手机配置同质化越来越严重的今天，想在众多的手机中脱颖而出并不是件简单的事，而摩托罗则抛开了性能选择以个性化定制的方式来解决这一问题。从背板颜色到后背材质用户都可以通过 Moto X 的定制页面 Moto Maker 来进行选择。

首先，消费者可以从一大堆颜色中选择 Moto X 的后壳颜色，另外消费者也可以对后壳的材质进行选择，如竹、柚木、乌木、紫檀木。

接着，消费者可以对前面板颜色进行设置，可选择黑色或白色。如果选择白色，配合上竹或柚木应该非常不错。如果选择黑色前面板，乌木和紫檀木会是不错的搭配。

此外，镜头边框以及侧边按钮的颜色也是可以选择的，一共有 7 种可选颜色。搭配是否好看就要看消费者的艺术修养了。

在 Moto Maker 页面上你还可以添加个性文字，比如将手机送给女友时，可以在上面添加上你想对她说的话。

最后，消费者还可以从贝尔金或 Case Mate 等手机配件制造商处定制透明或彩色的手机保护壳、耳机等。

如果消费者觉得手机的存储空间比较小的话，还可以升级到 32GB 版本。除了在硬件方面的定制外，消费者还可以修改开机界面，不过仅限在开机画面中增加文字。

除了永久语音助手、动态通知、快速拍照，丰富的可定制元素也是 Moto X 的一大亮点。除了默认的黑、白两种款式外，消费者还可登录 Moto Maker 网站选择自己喜爱的定制方案，包括机身前后颜色、木质背壳、按键颜色、配件样式、机身雕刻文字，还有存储容量版本、开机欢迎语言、原生壁纸等。

总之，一切"由你设计"。正如摩托罗拉所说的那样："买一台和别人都不一样的 Moto X。"

一起来看看 Moto X 的定制流程吧：

首先，可以选择机身背壳的颜色，有很多种颜色可以挑选。未来还会推出木质背壳的定制，包括竹子、柚木、乌木、紫檀木。前面板颜色同样可以选择，可以与后盖选择一样的颜色，也能随意搭配。手机的按键、摄像头的色彩同样可以定制。

当然，还能在手机背壳上雕刻上自己想要的文字，送人的话非常不错。

保护套也可定制，比如透明的。

容量版本选择，有 16GB 和 32GB 两种。

选择自己想要的开机问候语。

定制壁纸。

配件颜色可选，比如耳机。

在确定了定制方案并下单后，4 天之内就能拿到自己的爱机了。

2014 年 9 月，摩托罗拉已经在英国启动了 Moto Maker 手机定制服务网站，支持新版 Moto X（2014）的定制。新 Moto X 在 Moto Maker 上有 25 种后盖，2 种基本颜色（黑、白），10 种色调，16GB 和 32GB ROM，另外也支持后盖刻字，用户可以打造一部专属于自己的个性 Moto X。

新 Moto X 英国起步价为 419.99 英镑，如果选择皮质或木质后盖，需要加 20 英镑，而选择 32GB ROM 也要加 40 英镑。

★私人定制 O2O 模式——绫致时装

绫致时装（Bestseller）于 1975 年始建于丹麦，创始人为 Troels Holch Povlsen。Bestseller 设计和销售适合都市女性、男性、儿童及青少年的流行时装和饰品，旗下拥有 VERO MODA、ONLY、VILA、Object、JACK & JONES、Selected、Tdk、PIECES、EXIT、Name It/Newborn、PH Industries 和 phink industries 12 个品牌，在全世界 27 个国家设有 1600 多家直营店，有员工 12000 人，分布在 29 个国家的 35 个分支机构；另有近 7000 家加盟代理店在经营

Bestseller 品牌。

Bestseller 没有自己的加工厂，而是与选定的供应商进行密切的合作，这些供应商主要分布在欧洲和亚洲；与此同时 Bestseller 有 50 多名设计师进行服装款式设计和流行趋势跟踪。

在我国，公司主要经营 ONLY、VERO MODA、Selected 和 JACK & JONES 四个品牌，从 1996 年进入我国起，公司成长迅速，截至 2013 年年初已拥有近 400 家直营店和 300 多家代理店。

知名服装品牌也都在我国互联网环境中做各种移动 O2O 的尝试。其中，绫致时装采用的私人定制模式是其中的代表之一。

在绫致时装看来，O2O 的目标就是让消费者可在任何时间、地点和场景获得所需要的信息与服务，实现一种全面和闭环的客户体验。为了达到这一目标，企业就必须从面部达到营销、物流、会员、支付环节的打通，实现大数据的整合和信息的闭环。

绫致时装通过与微信"微购物"平台合作，打破传统交易模式，打通利益链条，开辟出独特的私人定制模式：消费者进入绫致时装旗下某家实体服装店铺，看中某款心仪的衣服，并打开微信扫描吊牌上的二维码后，手机上马上会根据库存状况出现相关的服饰搭配，消费者可以当即选中某款衣服在店里下单，也可以通过微信下单，或者收藏相应款式，回家后参考家人的意见再考虑要不要购买；可以直接在店里下单并拿走货品，也可以回家后下单后通过快递寄送到家；还可以把服装信息分享到微信朋友圈、QQ 空间、腾讯微博，征集朋友的意见。

★家具定制行业的龙头——索菲亚

索菲亚是一家专注于定制衣柜及其配套定制家具的研发、生产和销售的高新技术企业。索菲亚为客户提供的服务，包括定制衣柜、衣帽间、书柜、橱柜、电脑台、电视柜及成品床、床头柜等全屋家具。作为国内定制家具行业的龙头，索菲亚致力于为客户量身定制符合房型特点和个性需求的整体衣柜及配套家具。

随着时代的发展，人们的对家具的要求越来越高。消费者越来越热衷于追求一种"量身定做"的优越感，定制家具被推上了历史舞台。定制家具的企业有很多，索菲亚定制家具有哪些优势呢？

优势1：不断创新

索菲亚在成立之初，将手工打制家具与家居行业的成品优势相结合，结合欧洲壁柜移门的设计理念和思想，创新性地提出了"定制衣柜"的新概念，开启与推动了定制衣柜的产业化发展。经过多年的发展，索菲亚逐步发展成为家具行业的一个新兴细分行业。

优势2：重点打造工艺

工艺是定制家具最为讲究的一个方面。围绕定制家具的加工，索菲亚不断地对生产工艺的开发进行了强化。其不仅购买了多项引领行业的技术，还第二次自主研发了"电子开料系统以及优化软件无缝导入系统"等，进一步强化了自己的创新优势。

优势3：注重品牌形象

品牌形象与品牌声誉都是非常重要的！索菲亚有着良好的品牌文化底蕴和品牌形象，得到了大量消费者的认同，先后获得了《南方都市报》组织评选的2006年"读者最喜爱的建材品牌"称号等。

优势4：制造模式独特

索菲亚的生产模式为"标准件＋非标准件"相结合的复合生产模式，其核心是：标准件批量化生产，非标准件柔性化生产，采用了"标准件"和"非标准件"两种生产模式。同时，公司还采用了全面电子图纸生产模式。

优势5：材料质量可靠

索菲亚的材料种类很多，有中密度纤维板、刨花板等。其中，中密度纤维板纹理自然、胀缩率小、自然逼真、环保指数高；刨花板具有很强的稳定性和抗曲翘变形能力。

多年来，凭借优良的品质和卓越的设计，索菲亚在行业内奠定了龙头地位。2001年，索菲亚衣柜创新发展了定制衣柜。随后，又引入了德国豪迈封边机、全球统一标准的五金配件，2007年成为定制衣柜行业首家获得"十环认证"的品牌。2013年，索菲亚实现了从定制衣柜向定制家具的蜕变，为不同的消费人群提供了整套完善的家居定制解决方案。

★整合全球睡眠资源 定制寝具
服务消费者——慕思

慕思寝室用品有限公司成立于 2004 年，定位为全球健康睡眠资源整合者，专业致力于人体健康睡眠研究，从事整套健康睡眠系统的研发、生产及营销，打造了我国软床行业优秀的国际化品牌！现旗下拥有慕思·歌蒂娅、慕思·凯奇、慕思·0769、慕思·3D、慕思·V6、慕思·爱迪奇、慕思·苏菲娜七大自有品牌，在全球拥有超过 1700 家专卖店。

慕思一直专注健康睡眠研究，探索研究睡眠对人类的重要性，力求让消费者获得更好的睡眠产品和服务。在我国的家居行业，慕思凭借着高质量的产品和优质的服务获得了消费者的广泛认可。

作为我国《软体床》行业标准的主要起草单位，慕思得到了国家相关部门的认可，那么慕思产品与其他同类产品有什么不同？慕思最具特色的地方是什么？

第一，慕思倡导的不仅仅是为消费者提供一种产品，它一直努力地打造出一种不断提升消费者幸福指数的文化，为消费者创造幸福生活。这是慕思最大的特色。

第二，慕思颠覆了传统的"让人适应床"的理念，慕思的产品理念是

"让床适应人"。

慕思的产品特点是让每个人能定制不同的产品，为消费者定制适合自己的产品。传统的工业化和标准化的特点在慕思这里将转化成"个性化定制"。比如，由于人体睡眠时会散发出热量传导到床垫中，从环保的角度讲，他们建议一个没有防虫防螨的普通床垫的使用寿命不应超过 5 年，如果普通床垫使用超过 5 年以上，床垫中便会滋生出很多"霉菌"危害消费者健康。针对这个问题，慕思在床垫的通风透气以及环保方面做了很多研究，比如推出了"3D 可水洗床垫"，来解决消费者最关心的这个问题。

第三，慕思深知，好的睡眠与好的产品息息相关。为了给国内消费者提供更好的睡眠产品，慕思整合了全球最优的健康睡眠资源，把欧美等多个国家最先进的核心技术以及全球最好的零配件和原材料引入我国，甚至让这些供应商为慕思贴牌生产（OEM）。慕思不断与国际知名睡眠产品企业寻求合作。

比如，凝胶枕头和床垫。他们与意大利 Bedding 公司谈了三年，最后才促成了合作。这个过程虽然很辛苦，但最终引进了接触面像人体皮肤一样柔软且比人体体温略低 1.5 度的凝胶产品，达到了为消费者提供高品质寝具的目标。还有可调节软硬度的气动床垫、可根据人体曲线调节的排骨架等，这些都是慕思的产品特色。

慕思积极寻求全球优质健康睡眠资源，日前，已与欧美八个国家的 11 个企业展开战略合作，在中国大陆，慕思旗下已有六个品牌，每个品牌的定位都不同。但六个品牌的战略核心都是一样的，即找到并满足消费者的"真"

需求——健康睡眠。

如何解决消费者的"真"需求呢？慕思坚持将健康、环保、人性化的理念融入设计当中。如根据人体工程学七区（头、肩、背、腰、臀、大腿、小腿）设计结构，用缓冲扣减压减噪，专门针对仰卧和侧卧习惯而设计排骨架。另外，还根据顾客的体形结构和身体重力分布情况进行个性化定制，为其找到最合适的健康睡眠系统。

在满足消费者服务品质方面他们也做出了很多努力。第一，公司内部的"神秘顾客系统"可以随时对企业内部员工服务质量进行监督；第二，公司在产品质量上也有"导师巡查系统"，对出现问题的产品随时"召回"，及时地解决消费者的顾虑；第三，"经销商服务系统"用来保证慕思品牌质量。慕思的加盟商和直营店都需要取得总部的授权，"经销商服务系统"的目的就是让经销商之间互相监督，保证整体品牌的统一性，使每个专卖店服务都能达到统一要求，更好地服务好消费者。

有数据表明，美国睡眠产业已经达到了 200 亿美元的市场，我国的睡眠产业将达到 2000 亿元人民币。在家具产品升级换代的热潮中，面对偌大的睡眠产品市场，慕思如何保证自己产品在生产过程中不出纰漏？如何保证产品质量安全？

第一，抓产品质量。

慕思的定位是全球健康睡眠资源整合者，一直都在寻求优质的健康睡眠资源，包括原材料和技术，以此为消费者提供优质的睡眠产品；慕思拥有自己的检测实验室，所有生产用的原材料首先必须先经过检验，各方面标准都达到了才可以进入生产车间。

另外，慕思对生产的各个环节都控制得比较严格，他们采用了 ISO 及 PDCA 循环控制的方式来控制产品质量关，同时还主动邀请质监部门对自己的产品进行抽检，确保每个工人在生产时都打起十二分精神，以保证出厂的产品质量达标。

第二，抓服务质量。

慕思成立了"慕思培训学院"，新加入的员工都会进入慕思培训学院进行为期约一个月的训练，提升服务意识，学习相关的健康睡眠知识和产品知识，对消费者的健康睡眠负责。其中，全国经销商的安装工人都要送到"慕思培训学院"进行系统的培训，这些都是为了保证服务质量，更好地服务于消费者。

慕思要求健康睡眠顾问在帮助客户选择睡眠产品时，要让每一位客户都清楚自己的选择，让每一位客户都能明明白白地消费。

慕思自创立以来，用短短八年的时间，在国内已经发展到 1000 多家专卖店。在如此短的时间内，却创造出了如此惊人的"慕思速度"，在寝具界简直就是奇迹，慕思的成功秘诀是什么？

自 2003 年开始，世界卫生组织就把每年的 3 月 21 日定为"世界睡眠日"。我国高收入人群中有超过 38% 的人处于比较严重的睡眠亚健康状态，有接近 10% 的人处于睡眠障碍的状态，另外的人也或多或少存在着睡眠问题。

为了应对全球越来越严重的睡眠问题，作为健康睡眠的领导品牌，慕思寝具从一开始就把改善国人的睡眠状况作为自己的企业宗旨，并率先在国内提出了健康睡眠系统的产品开发理念。慕思还联合我国睡眠研究会在全国范围内举办"全国健康睡眠万里行"活动，把健康睡眠理念带进了千家万户，受到了人们的广泛认可和推崇。

慕思寝具所倡导的个性化健康睡眠系统则认为，这种以顾客的最终需求为核心，根据顾客的完全个性化要求而提供的高级定制寝具服务也逐渐成为一种时尚。

★彩色宝石的开拓者——ENZO

ENZO 是国际知名珠宝集团——劳伦斯集团（LORENZO GROUP）旗下的零售品牌，也是珠宝爱好者的首选品牌之一。

ENZO 是彩色宝石的开拓者，虽然其发展只有 10 年的历史。ENZO 的创始人是来自巴西的华人，巴西是彩宝的矿源地，那里蕴藏大量彩宝原石。他们聘请了世界著名的设计师，无论在设计、切割还是制作方面都有很高的水准。因此，ENZO 在彩宝首饰品牌中声名鹊起，很多年轻白领是其忠实粉丝。

ENZOORO 是 ENZO 的高端会员俱乐部品牌，也是劳伦斯集团核心产品和企业理念的展示厅。既是可供彩宝爱好者品鉴交流的高端会所，又是彩色宝石文化的聚集地。俱乐部集中陈列着多款 ENZO 收藏级裸石供珠宝爱好者品鉴，同时提供私人定制服务，由设计师与会员直接沟通设计，根据会员个人喜好和情感需求，呈现出完美的设计方案，全方位量身打造具有传承性的高级个性珠宝。

2014年6月12日，彩色珠宝权威品牌 ENZO 旗下高端会员俱乐部 ENZOORO，于北京励骏酒店盛大开幕，为京城名流及珠宝爱好者带来了高级定制珠宝的尊贵体验与服务。

★ 定制男鞋的高端品牌——1928

"1928"是一家制作顶级私人定制男鞋的品牌。该品牌于1928年成立，为很多名人专门设计皮鞋。为了追求极致的舒适与品质，他们坚持使用顶级的材质和工艺，聘请私人设计师量身设计，很多体坛明星对"1928"青睐有加。

"1928"对制作鞋的过程追求精益求精，每一步都需经过师傅们的精雕细琢。

首先，由具有30多年经验的量脚师亲自为每一位客户量脚，之后再通过计算、分析每位顾客的脚形和骨骼，获取精确数据。

其次，专属的鞋楦是每一双舒适皮鞋的基础。鞋楦师会根据量脚师的准确数据，制作出独一无二的鞋楦。

最后，根据客户不同的需求，精选不同的原材料。这里不仅有从意大利进口的小牛皮，还有泰国的暹罗鳄鱼皮，甚至还有用马毛制作的休闲鞋，高端大气上档次。

通常，一双鞋从刚开始到最后完成，全部制作完毕大概需要 30～45 天的时间。相比起流水线工厂里一天生产近万双鞋，定制鞋厂里不到 20 位的师傅即使是全力以赴，一天也只能做 5 双鞋，最复杂的手工缝制部分更是"一寸 5 针"。

很多体育明星都慕名前来，尤其是篮球运动员。因为他们身高脚大，在市场上很难买到合适的鞋，所以就到"1928"来进行私人定制。

直到今天，手工定制鞋的工艺依然远远高于尺码鞋，也只有这种高端款式的皮鞋和休闲鞋，才能最大限度满足高品位人士对足部健康与舒适的需求。

★将"定制"进行到底——可口可乐

为迎合年轻消费群体，2013 年 5 月 29 日，可口可乐 2013 夏季品牌战役全线启动。"高富帅"、"文艺青年"、"小清新"等年轻人熟悉的网络流行语被签印在可口可乐的瓶身上。消费者还有机会拿到印有自己名字的可口可乐，为自己制造独一无二的快乐昵称瓶。

这是可口可乐进入我国，为适应本地文化，最大胆的一次市场活动。虽然消费者对新包装的反应不一，有爱有恨，但这一场"定制"旋风，在这个夏天，可口可乐公司没打算停下。

1. 酷乐仕："活出天然色彩"

2013年5月，可口可乐公司旗下另一款产品——酷乐仕，接档可口可乐，玩转"定制营销"。酷乐仕这个来自纽约的潮品，诞生之初，就饱受时尚界宠爱。自2000年首先在纽约推出后，酷乐仕维他命所到之处，即成为城中名人、摇滚巨星、潮流达人的时尚之选。

7月1日至8月31日，酷乐仕举办了"活出天然色彩"线上活动。继可口可乐昵称瓶后，再次掀起"个人定制瓶"潮流。消费者可以上传个人"天然色彩酷照"并书写"天然色彩态度"，即有机会获得个人专属版酷乐仕。在这两个月，将共计发布1000瓶个人定制版酷乐仕。

活动期间，吉克隽逸的形象及其"天然色彩态度"将被印到酷乐仕产品的瓶身上。其为酷乐仕拍摄的广告也已发布。

2. 社交时代：品牌如何与消费者沟通

随着社交媒体的日益成熟，品牌的营销思路和方向也已转变。可口可乐公司首席执行官兼董事长穆泰康就曾表示，全球的消费市场正发生着持续的、急剧的转变。公司不再是对消费者进行单向沟通，而是与之双向互动。

参与和互动，是社交时代建设品牌必不可少的要素之一，也是与年轻消费者建立情感链接和提升消费者的品牌忠诚度的重要方式。

互动是社交时代品牌与消费者沟通的新玩法，企业也要关注到新一代消费者的表达诉求。如今，在每个人都期待着释放自我、表达自我、秀出自我的时代，品牌如何满足年轻消费者的这种诉求，非常重要。可口可乐公司为这群毫不遮掩的"态度人"，提供个性化展示平台，也显示出这个品牌一直紧随时代潮流和消费者心理，越来越酷。

★海尔推出家电定制服务

2011 年，海尔集团宣布，集团旗下"统帅"品牌将充分利用互联网时代的特点，推出个性定制服务，以满足年轻消费人群的需求。

随着互联网的快速发展和新技术的应用，消费者的生活正在悄然发生改变。业内专家分析认为，互联网时代是一个"需求经济时代"，由以前供应经济时代的被动接受变成需求经济时代的按需定制，这给产业带来的最大影响就是真正解放了消费者，并使其成为产业链的主导者。

"统帅"品牌通过虚实网融合模式，利用互联网快速获取用户个性化需求，在供应商、企业、零售商与消费者之间构建了一条超导供需链，真正实现了互联网时代的定制经济。同时，"统帅"依托海尔集团强大的物流网、服务网、营销网和信息网优势，充分保证了产品配送和整套服务的及时性和完善性，最快地满足了用户的需求。

"统帅"电器自上市以来快速发展，已成为今年家电市场增长最快的品牌。秉承"你设计，我制造"的产品设计理念，"统帅"在极短时间内吸引了大量崇尚个性自由的年轻消费人群的关注，成为互联网时代消费者追求个性时尚生活的首选家电品牌。

专家指出，当全球家电业在互联网经济时代裹足不前之际，依托海尔集团雄厚的全球化实力，"统帅"以其创新的互联网定制模式准确把握消费需求，破解了互联网时代传统家电企业的发展困境，将真正开启家电业"定制时代"。

★互联网行业的"私人定制"——
广州酷蜂科技 APP 定制

3G 网络覆盖范围的不断扩大，提高了渗透的智能手机终端，移动电子政务、电子商务行业成了新时代的一种发展趋势。

当前，企业在移动终端营销，开放的 O2O 链接已成了一种必然趋势，微信公共平台的推出也满足了类似的要求。可是，微通道电流只能实现比较简单的销售手法，定制企业应用功能还没有被全面替代，企业要探索更先进的营销方法。

广州酷蜂科技给企业带来全方位的定制感受，主要体现在：

1. APP 精准推送

APP 都是用户主动下载的，这就说明下载者对品牌有兴趣。多数 APP 都会提供分享到微博、人人网等社交网站的功能，将具有相似兴趣的目标群体集合到一起。同时，APP 还可以通过收集手机系统的信息、位置信息、行为信息等，对用户的兴趣、习惯进行有效识别。例如，识别手机的型号和系统，辨别是商务机还是音乐机，这样就能推测出用户的收入水平和兴趣爱好；还可以通过对用户常看的页面的识别，对其行为习惯进行有效分析，进行企业信息的有效推送。

2. APP 极强的互动性

和以往的媒介比较起来，其表现形式更加丰富多彩。其中，移动设备的触摸屏有很好的操作体验，文字、图画、视频等一应俱全，互动体验别有一番情趣。而且，APP 还打开了人与人的互动通道，内部嵌入了 SNS 平台，正在使用同一个 APP 的用户可以相互交流心得。通过用户的互动和口碑传播，提升用户的品牌忠诚度。

3. APP 富有创意性

APP 在品牌企业那里，可以是产品手册，也可以是电子体验，还可以是社交分享、公关活动……几乎可以把整个营销流程武装一遍。其实，APP 营销的所有优势都基于一个前提——设计和创意。只有设计出用户真正喜欢的

APP，让用户感到有兴趣，他们才会不断点阅。

4. 超强的用户黏性和可重复性

如今，不管人们去哪里，都是手机不离身，空闲时间还会把手机拿出来玩。APP营销就是要抢占用户的这些零散时间。而且，只要不是用户主动删除，APP会一直待在用户的手机里，如此用户就会对品牌的印象逐渐加深。

在移动互联网市场，为自己的产品找到精准定位，才是企业生存的最好保障。目前，APP还处于早期阶段，再加上多数APP本身有些生命周期的特性，虽然进入门槛不高，但业务做起来也并不容易。未来，移动定制APP的发展之路定然会充满机遇，布满荆棘！

★最符合中国国情的"网络+实体店"模式

服装是表现自己个性的一种方式，高级定制服装就是满足于人们的这一需求应运而生的。在中国，IWODE品牌的使命就是要把完美的个性化定制服务、切合国内外时尚趋势的设计，用实惠的价格带给广大的消费者，让更多的中国消费者享受到最适合自己的定制服务。

IWODE是一个提供高质量量身定制服饰的科技公司，其不同于其他服装品牌，开拓了一种全新的概念——网络定制服装，主要满足月均收入4000元以上的中高层消费群。

IWODE 注重的是产品的设计和品牌的营销，倡导的是有限度、规模化的个性化定制。公司会将最符合消费者一般需求和最符合流行时尚的服装搭配组合提供给消费者，让消费者进行标准化定制。

1. 用合适的价格买到属于自己的定制产品

有报道说："大众消费品定制：面对大众消费者日益彰显的个性化定制趋势，要求企业用精益技术和柔性生产攻克高成本难题。这个将是发展的大方向所在。规模化定制将会是未来社会生产的一个主要发展方向。"IWODE 正是最早涉足这个领域的企业之一。

IWODE 通过网络化、标准化的定制供应链降低了生产成本，为客户提供了物美价廉的大众化定制产品。例如，一件高质量的定制衬衫，IWODE 只卖 199～299 元，而市场上同质量的标准码产品都在 300～400 元。IWODE 在一定程度上填补了市场上大众定制的需求的空缺，让消费者真正享受到了价格合理的定制产品。

2. 最好的直销模式是"网络＋实体店"模式

IWODE 是国内第一家提供"网络＋实体店"销售的定制服装公司。在建设高档服装品牌的过程中，IWODE 前期使用"实体店＋网络"的销售模式是最符合中国国情的。

资料显示，超过 90% 的中国中高端消费者希望自己第一次购买新品牌服装产品可以看到、摸到，甚至试穿。IWODE 独特的商业模式正是很好地解决了消费者不相信网络购物的问题；同时，还通过实体店的现场引导，让客户逐步成了忠诚的 IWODE 网购消费者。

采用这种模式可以让消费者享受到直销的超高性价比。同时，IWODE 也真正实现了"零库存"。大部分的产品都是客户先交款，然后公司再生产，公司真正实现了"零库存"管理。

3. 基于互联网的标准化定制供应链

IWODE 自始至终都在强调标准化和系统化。互联网的定制平台就是 IWODE 团队精心研发的标准化管理系统，在这个系统上，IWODE 可以用最标准的数字作为语言给顾客讲解"收集客户需求数据—供应商生产订单—物流管理—客户服务管理"的全链条，这样就解决了传统行业的不足，比如：不能处理大量的和与之配套的复杂个体化数据。更重要的是，通过这个系统基本消灭了行业中最大的隐患——库存！

如今，IWODE 品牌不仅设有品牌网店，还在华南地区开设了多家连锁品牌直营店，成了该地区定制服饰行业的领导者。为了满足中国经济快速成长和满足更多消费者的需要，公司正加快在中国发展的步伐，拓展新店和网络市场。

后　记

把握定制化服务的条件，制胜！

定制化服务以客户需求为导向，能够更好地解决目前行业同质化带来的市场竞争激烈的问题。量身打造的产品不仅可以满足客户需求、增加商品卖点，还能极大地提高企业的产品竞争力与利润空间，能够在价格战日趋激烈的时期更好地生存。此外，定制化服务还能促进企业技术能力不断提升，提高精细化管理水平，培养长期合作伙伴。

可是，定制化服务也不是谁想用就都能用的。只有具备以下条件时，企业才能开展定制化服务。

1. 消费者的个性需求具有一定的规律性

从理论上讲，定制化服务完全可以做到针对每个消费者的具体需求设计出一套营销方案，即"一对一营销"。但在实践中，由于成本和技术手段等因素的影响，这往往不太可能实现。消费者的需求必须具有某种程度的共性，可以把它们划分为不同的类别，这样企业才可能对这些类别的个性需求进行服务定制。

2. 具备合适的技术手段

在实现定制化服务的过程中，需要借助一定的技术手段，其中最重要的就是计算机技术。只有当这些技术手段在现实中得到广泛运用的时候，定制化服务才能够顺利地进行。

3. 采用定制化服务是有利可图的

这里的有利可图包括两方面的内容：一方面，定制化服务的成本不能太高，否则企业将很难承受；另一方面，企业采用这种方法后必须能够产生收益，而且该收益要能弥补其成本支出。唯有如此，定制化服务在经济上才是可行的。

需要说明的是，定制化服务并不是什么救命稻草，对于企业来说，紧贴客户需求、深挖客户需求，根据客户需求去改变、完善经营模式和产品模式，是企业在当前竞争环境下应该认真思考的问题。对于企业来说，快速而有效地满足客户需求，灵活应对市场需求才是发展的根本之所在！